JN061039

さまざまな立地の日本のゴルフ場景観

<里山>

鳥取市（前方は日本海）

兵庫県加東市（前方は六甲山系）

長野県伊那市（前方は中央アルプス）

長野県須坂市（前方はスキー場）

＜平野林間＞

千葉県野田市（関東平野に位置す。写真提供：千葉カントリークラブ）

＜リゾート＞

沖縄県宮古島市（前方は太平洋）

＜海浜＞

鳥取県米子市（松と芝が防砂の役割）

＜河川敷＞

大阪府淀川（住民が気軽に楽しむパブリックコース。写真提供：くずはゴルフリンクス）

日本列島の端から端まで広がるゴルフ場

<最北端：北緯45.3°>

ノースバレーカントリークラブ（エゾシカに出会う）

稚内カントリークラブ（広大な牧草地(右)と連続、どこに向かって打っていいやら）

<最南端：北緯24.2°>

小浜島カントリークラブ（左：最南端ティーイングエリア）

（コース内には亜熱帯樹が普通に見られる。左：リュウキュウマツ、右：ガジュマル）

<最高地：標高1,564m>

平グリーンカントリークラブ（前方は北アルプス。左：視界を遮るガス、右：オオシラビソ）

ゴルフ場ホールの一般的な構成例

Par4（上：早春期、下：夏期）
TE：ティーイングエリア、PG：パッティンググリーン
FW：フェアウェイ、R：ラフ、NR：のり面ラフ

ゴルフ場残置森林：地域固有の構成種

落葉・常緑広葉樹混交山林（鳥取県）
タブノキ、エノキ、ケヤキ、スダジイなど

針葉樹平野林（千葉県）
スギ、ヒノキ、クロマツ

海岸防潮林（林内ラフ：宮崎県）
アカマツ

針葉樹林（北海道）
カラマツなど

コース内で芝生との美しいコラボレーション（長野県）
クロマツ、ヒノキ、スギ

コース内ため池

ノシバによる急斜面保全例
（コース内）

コースで大きなパッチを形成する多年生雑草

ヒメクグ（カヤツリグサ科）

シマスズメノヒエ（イネ科）

メリケンカルカヤ（イネ科）

チガヤ（イネ科）

チドメグサ（ウコギ科）

セイヨウタンポポ（キク科）

害獣に荒らされるコース

イノシシ

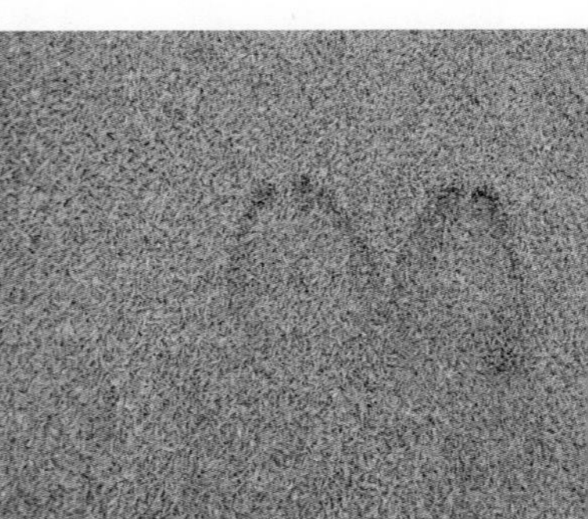

シカ（グリーンに足跡）

シカ（咬み跡）

モグラ

アナグマ

（シカ、アナグマ、モグラの写真提供：牛木雄一

大型多年生雑草は樹林に囲まれたゴルフ場にまで普通に侵入している

スに隣接するのり面を何層にも覆いつくすクズ

クズの非管理部分からコースへの侵入

なくなったため池内が２～３年で湿地に
セイタカアワダチソウ群落になった例

コース内でも非管理部分は空地の典型的植生クズ、
ススキ、セイタカアワダチソウになりやすい

里地・里山を席巻する大型多年生雑草

セイタカアワダチソウが繁茂する遊休農地（耕作放棄地）

雑草に覆われた空き地からクズが道路に侵入

ススキ等大型多年生雑草植生の農用水路のり

大型多年生雑草が覆う大型畦畔

里山山林を覆うクズマント

里山のゴルフ場全景と同じ位置を占めるメガソーラー

フライト中の窓から

インターネット航空写真より

(巻頭写真ページで提供者・出典が明記されていないものは、すべて著者が撮影

ゴルフの好きな人もそうでない人も知ってほしい

列島ゴルフ場の科学

伊藤幹二・伊藤操子
特定非営利活動法人 緑地雑草科学研究所　企画

大阪公立大学出版会

Japanese Golf Courses

Unique Ecological-Historical Characteristics and Implications for the Future

Kanji ITO and Misako ITO
Non-profit Organization: Institute for Urban Weed Science

Osaka Metropolitan University Press

まえがき

本書はタイトルを「列島ゴルフ場の科学」としています。「コース管理の指導書」でもなく「ゴルフ場運営の参考書」でもなく、ましてや「ゴルフの指南書」でもありません。ゴルフ場について一部の知見をもって云々する前に、すべてのゴルフ場に共通の‘緑地である’ということに焦点を当て、日本列島の中でのその存在をあらゆる側面から俯瞰し、その意義と未来への展望を考えるに資することを願って作成しました。

本書の企画者はNPO法人緑地雑草科学研究所です。本法人は、大切な社会資産である生活圏の緑環境の機能の向上と健全な維持への貢献を目標に、ソーシャルビジネスとして活動しています。その立場で見ると、全国にわたって生活圏の近くに2,000以上も存在するゴルフ場の緑地は、本来の利用目的とは別に、まぎれもなく地域の重要なグリーンインフラです。そして、この価値を活かしていくには当然、すべてのステークホルダーにその意識が共有される必要があります。ゴルフ場経営者・グリーンキーパー他雇用者、利用者、地元住民、地域行政機関、里山の生態系サービスを直接・間接に受けている人、日本の自然環境や生物多様性などに関心のある人などです。

そこで、本法人では2013年より関東、中部、関西地区のゴルフ場を対象としたシンポジウムおよび九州、北海道地区での講演等を通じて情報発信を行ってきました。しかし、ゴルフ場に対して多様な立場の間での情報交換の場をつくるという意図は、残念ながら成功したとは言えません。そもそも、いくら魅力的で大切だと言ったところで、利用者・関係者以外が場内に立ち入る機会はほとんどないのですから。一方、シンポジウムや講演会の開催と並行して行った全国のグリーンキーパーへの管理の実態と問題点に関するアンケート調査からは、共通して想像を超える深刻な回答が寄せられました。コメントを拝見するだけでつらいような内容です。

このような経緯を経て、当初の意図は本書の刊行という形に引き継がれ、シンポジウムとアンケートへの関わりから、伊藤二人が原稿作成に当たることになりました。執筆への著者ら最大のモチベーションは、作成過程で「日本のゴルフ場は世界に類を見ない特色を持っている」という事実をはっきり認識したこと、アンケートで「ゴルフ場植生管理現場の大変な実態」を知って危機感を深めたことでした。

昨今、ゴルフ場にも環境・生態系保全的価値があることを謳ういくつかの情報が発信されています。私たちの最初の目標も、その重点はゴルフ場の緑地としての機能と価値を科学的に周知してもらうことでした。しかし、将来にわたるゴルフ場緑地の持続性や存在意義を追求していくと、ゴルフ場という‘点’からの発想ではなく、地域社会という‘面’で捉える必要性が分かってきました。そして、原点に立って、「日本のゴルフ場とはどういうものか」を、時間的・空間的な広がりの中で俯瞰することが本当に重要なのだと思い至ったのです。

著者らは長年、自然科学者・企業事業開発者として生き、またゴルフも楽しんできましたが、ゴルフ場の直接の関係者ではありません。したがって、細部には説明不足や正確さを欠いた部分もあるかも知れません。一方、外からの視点で自由にいろいろな要素を統合して考察できる利点があったとすれば幸いです。

ゴルフ場に非常に近い立場の方から遠い方まで、今一度ゴルフ場に関心を持って頂きたいという気持ちを込めて著しました。手に取ってくださったら、それぞれのお立場から最も関心のある章やPartからお読みください。そして、ご関心が他の箇所や全体に広がればありがたいです。本書の大まかな内容については、序章で紹介していますのでぜひご参照ください。繰り返しになりますが、いずれのゴルフ場緑地も樹林帯などで周辺地域とつながっている事実に基づき、全体を通じてその視点で話が進められています。動物や鳥はもちろん、雑草さえも所有者の異なる土地を自由に行き来しているのですから。

謝辞

本書の刊行が、ゴルフ場緑地に関わるシンポジウム開催と管理状況の調査に端を発したことは、先に述べた通りです。全国ゴルフ場へのアンケートにおいてグリーンキーパーの方々がくださった数々の‘生’のご意見は、単なる回答を超えたもので、「列島ゴルフ場の科学」を現実性のある内容に導く土台となりました。ご協力くださった250余名のキーパー諸氏ならびにアンケート配布仲介の労を取ってくださった関東ゴルフ連盟、関西グリーン研究所、九州ゴルフ連盟、北海道グリーン研究会に、心より感謝いたします。また、ご講演を通して3回のシンポジウムを盛り上げてくださった田中淳夫氏(森林ジャーナリスト)にもお礼を申したいと思います。

なお、著者らはこれまで訪れたゴルフ場の多様な景観や植生から多くを学び、ワクワクしながら写真撮影もできました。これは執筆の大きな力となっています。

最後になりましたが、本書の出版に当たって様々なご配慮をくださった大阪公立大学出版会の八木孝司理事長、ならびにご懇切な校閲をくださった編集者の田野典子氏に対し、厚くお礼申し上げます。

2023年6月

「列島ゴルフ場の科学」著者・刊行委員会

目　次

序章

「列島ゴルフ場の科学」とは

本書は４つの部から構成されています（図序－１）。いずれも地域社会の中でのゴルフ場という基盤に立って展開していますが、それぞれ独立したテーマ性を持っています。

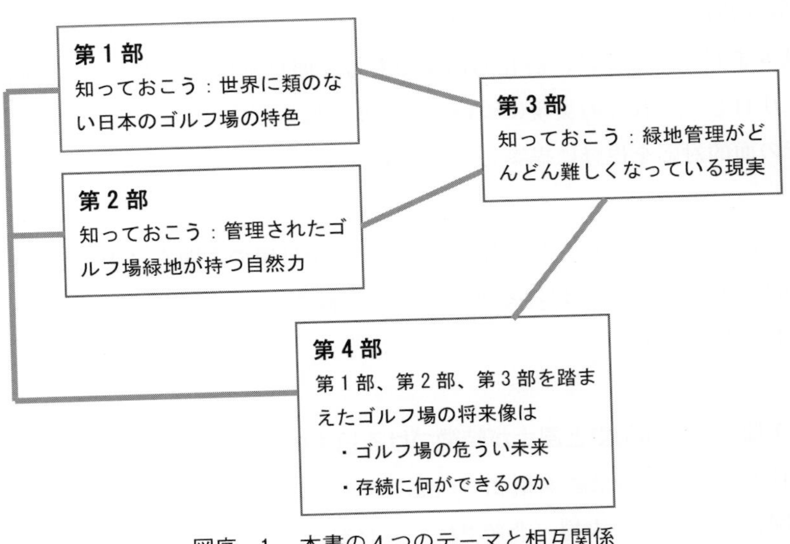

図序－１　本書の４つのテーマと相互関係

第１部、第２部で紹介しているのは、ゴルフ場が日本列島の地形・風土に合った大切な緑地であるということです。過去のゴルフ場造成、ゴルフブームのときの好ましくない印象があったとしても、多くのゴルフ場が里山の、そして一部のゴルフ場は都市・市街地の緑地として生態系サービスを担っていることは疑う余地のないことで、その役割は将来も望まれるところです。他方、現在ゴルフ場が信頼できる緑地として存続できているのは、そこにグリーンキーパーという名の植生管理の専門職の方々がおられるからです。コースである芝地部分はもちろん、残置森林と呼ばれる樹林帯をも管理されていることです。昨今ゴルフ場周辺地の里山・里地で植生管理放棄が進行する中で、これは非常に重要な点です。しかし、深刻な人手・後継者不足および増大する生物害対応業務が原因で、ゴルフ場の植生管理が全国で危機的状況にあることが、キーパーの方々へのアンケートから明らかになっています（第３部で紹介）。最終の第４部では以上３つの部の内容を踏まえ、ゴルフ場の将来の活用に関して新たな視点での考察を試みました。とくに、潜在的価値である「間接価値」、「オプション価値」に注目し、それらの実現について、ゴルフ場ネットワークや地域との連携での面的対応を視野に提案しています。

お読みになる方のゴルフ場へのスタンスや日頃のご関心によって、どのPartからでも始めて頂けるよう、各々の概要を以下にもう少し詳しく紹介しておきます。

第１部　土地利用史と風土が特徴づける日本のゴルフ場

日本のゴルフ場は総面積27万ha、コース数では世界第２位（第１位は米国）で、列島の南端（北緯24°）～北端（北緯45°）にわたり3,200近くのコース（ゴルフ場数約2,000、１コース＝18ホール換算）が分布しています。そして、これらは米国や英国とは異なった世界に類を見ない共通の特性を持っています。まず、この点について知ることが日本のゴルフ場を俯瞰的に理解する第一歩です。

特徴づけているのは、雨の多いモンスーン地帯にあることと国土の約73%が山地・丘陵地であるという風土的要素とともに、忘れてはならないのは歴史的要素です。ゴルフ場造成自体は、戦後、駐留米軍によって持ち込まれた土木技術ですが、ブルドーザーだけあっても不可能な話です。そこに、日本人が育んできた治山治水に関わる植生の育成・管理技術、日本のコースに最適な自生種（日本芝）とその生産体制の存在があったからこそ可能になったのです。

高度成長期を契機に始まったゴルフ場造成ブームやその後の変遷についても、その社会的・経済的背景との関連で解説しました。大半のゴルフ場がいわゆる里山に建設されたことから、ゴルフ場造成は里山の自然破壊だというような説も出ましたが、その土地がなぜ造成対象となったのかを知れば、この説は的外れなことが分かるでしょう。現実は、農業・林業への二大国策をもっても変えられなかった就業者の都市流出による農林業の衰退の結果生まれた放置林野に、ゴルフ場が新たな所有者となる形で進みました。つまり、所有する芝地・残置森林を管理して里山・里地の自然を荒廃の進行から保全したことになります。

以上の理解を深めて頂く付帯情報として、日本の植生利用史、世界におけるゴルフ場の発祥・発達と技術外史、住民からの視点なども紹介しています。また、定説がはっきりしない「里山」についても著者の見解を示しました。

第１部の目指すところは、世界に類を見ない日本のゴルフ場の特色を再発見し、できるだけ多くの方々にこれを価値ある緑地と認識して頂くこと、また所有者や直接の関係者にはその誇りを持って頂くことです。

第２部　ゴルフ場の緑地機能とその地域的役割

第２部では、日本特有の立地と形態で存在するゴルフ場が、緑地としてどのような機能を持っているかを整理し、地域の自然・環境資産としての評価を試みます。ゴルフ場の敷地のほとんどの部分はコースの芝地とそれと同等かそれ以上を占める残置森林で占められ、専門的な植生管理の下に置かれています。これらはまぎれもない「緑地」であり、植生が本来備えているいろいろな機能を持っています。そして、大半のゴルフ場は里山と呼ばれる山地・丘陵地に位置し、農耕地、集落、市街地などがモザイク状に存在する地域に樹林を介して点在しています（グラビア -13 参照）。当然のこととして、緑地機能を通して地域の環境保全にも役立っています。表土の保全、自然・生態系・生物多様性保全、炭素貯留や水循環などへの貢献について、その状況をできるだけ具体的に検証しました。表土保全を例にとると、ゴルフ場敷地の半分近くを占める芝は、茎葉の密生と細根の密な発達によるマット構造や残置林（伝統的里山樹林）は表土の浸食を防止しますが、同様な立地で植生がないもの（メガソーラー設置地など）あるいは強酸性土壌をつくるスギ・ヒノキ人工林からは土砂流亡・斜面崩壊が頻発しています。

他方、生物の多くはゴルフ場と周辺の緑地を自由に行き来するため、両方で共有している形になります。その中には、好ましいものもありますが、有害生物も含まれます。それらは鳥獣害の原因になるイノシシ、シカ、アナグマ、カラスなどやナラ枯れ・マツ枯れなど樹木感染症を媒介する昆虫です。植物についても、大型多年性雑草が山林に囲まれたゴルフ場コース芝生の間近まで侵入・繁茂しているのが今日普通に見られます。これらは周辺地の管理放棄が増やしている例が多く、ゴルフ場側はむしろ被害者です。

以上、この部を通じてとくに理解して頂きたいことは、緑地としての観点からの機能や役割については、ゴルフ場のみに焦点を当てていても本質は見えず、樹林でつながる周辺地域全体や相互関係の中で初めて把握できる問題であるということです。

第3部　植生管理現場の視点で見たゴルフ場緑地

植生は適切に管理されていてこそ、その価値が発揮されることは言うまでもありません。では、ゴルフ場緑地はどのように管理されているのでしょうか。その実態や問題点は、専門的に担当されているグリーンキーパーに聞くのが最も確かな方法と考え、ここでは、主としてキーパーへのアンケート結果をもとに解析しました。管理上の最大問題と指摘された生物害についての解説も加えています。回答場数247件は多いとは言えませんが、芝管理や有害生物に関する回答には納得のいく地域性があり、運営・管理に関わる部分には全国共通の傾向があったので、信頼性は担保されていると判断しています。

管理自体で苦慮している事項は、生物害対策では雑草の増加が50％以上、次いで獣害が挙げられ、芝生管理では水管理が全国的に、グリーンの維持が九州で最多でした。さらに、残置林の管理業務（剪定、間伐、病害・傷害木対策など）の増加もあります。雑草の増加は温暖化、管理の粗放化、連用による除草剤抵抗性変異型の出現など複数の要因が想定されますが、第2部で紹介したようにゴルフ場が周辺の農地・林地・インフラ等の管理放棄と交通網の影響を受けているのは明らかです。鳥獣害についても同様で餌やねぐらが増えて個体数が増加し、場内にも侵入しているのです。問題は20、30年前と比べて明らかに多様化し増大しています。

一方、全国を通じてグリーンキーパーの方々が将来にもわたり最も危惧しておられるのは人員・人材不足、すなわちキーパーの高齢化と後継者の確保が困難なことだと分かりました。管理業務自体がますます多様化し増大する中で、これはゴルフ場の存続に関わる経営者にとっての最大の問題であるはずですが、キーパー自身がこれを心配される状況には胸が痛みます。しかし、「問題は増えるが対応する人がいない」という状況は、個々のゴルフ場での対応の限界を超えており、集団としてあるいは地域問題としての抜本的な対策なしには立ち行かないことは明らかになったと思われます。なお、最後に「ゴルフ場の生態系と地域の生物多様性への役割と機能」という設問へのキーパーからの任意の回答をほぼ原文のまま掲載しました。忙しい業務の中でも自然環境との関わりに喜びを感じておられる空気が伝わってきます。

第4部　日本の環境資産としてのゴルフ場の未来

以上の3つの部では、日本のゴルフ場が内蔵している多様な価値や問題について検証・評価してきました。これらを踏まえ、この部ではゴルフ場の未来の展望について考察しています。

現在の営業行為の延長線上で見ると、コース等緑地の管理を担う人材の不足は深刻で、営業利益の大幅な上昇もあまり期待できないなど先行きは明るくありません。それどころか、大半のゴルフ場が存在する周辺地の緑は、全体的に荒廃に向かっているのは明らかです。世界の趨勢が持続可能な資源管理に向けて人工系サービスから生態系サービスへの転換を目指すのとは真逆に、現実は、何の規制もなく緑地がメガソーラーにどんどん置き換えられ、地域植生の管理放棄がますます進んでいて雑草害、獣害等の加速も予想されます。

一方、このような状況下であるからこそ、大規模なグリーンインフラ（GI）としての各地に存在するゴルフ場の果たす役割は、ますます重要になるでしょう。GIの活用は、ゴルフ場自身の発展にもつながります。しかし、公共団体でも非営利法人でもないゴルフ場がそのポテンシャルを活かすには、当然ビジネスとしての取り組みが求められます。では、どのようなビジネスモデルがあり得るのでしょうか。

ゴルフ場の持っている価値は「直接使用価値、存在価値、オプション価値」に整理できます。まず「直接使用価値」としては、個々のゴルフ場および地域共通の問題である植生管理の人材・人手不足への対策として、共同での「緑地管理ビジネス」の立ち上げが喫緊の事項です。「存在価値」を利用した最大のビジネスモデルでは、炭素クレジット・生物多様性オフセットを、ゴルフ場ネットワークでクレジット価値の見える化（貨幣価値換算）し販売することが考えられます。また､「オプション価値」利用では、住民サービス的な地域活性化の範囲を超え、自然を背景に美しい日本のゴルフコースを世界に発信していくようなレジャービジネスモデルもあり得るでしょう。

以上、とくに強調したいのは実施体制で、限界が来ている各ゴルフ場での個別対応から、目標ごとに全国・地域レベルでのネットワークを組み、創発的機能性も十分活かすプロジェクトの構築が肝要と考えられます。

第 1 部

土地利用史と風土が特徴づける日本のゴルフ場

第1章

世界に類を見ない存在様式

1．日本列島の地勢的特徴

日本列島は、東アジアから南アジアにまたがるモンスーン気候下に亜熱帯から亜寒帯に細長く広がる海洋に囲まれた山国で、国土総面積約3,779万haの構成は、山地が約2,300万ha、丘陵地約443万ha、台地約414万ha、低地約519万ha、内水域等約92万haといったところです。植生的に見ると、現在、そこには約1,343万haの自然林（自然更新林）と約1,029万haのスギ・ヒノキ等針葉樹人工林、そして約120万haの無立木地（原野）や約16万haの竹林が広がっています。このうち約536万ha（国土の14%）が国立公園、国定公園、都道府県立自然公園に指定されています。農地は総面積約437万ha、水田が約237万ha（耕作放棄地などを含む）、普通畑が約113万ha、果樹・茶・桑等の樹園地が約26万ha、牧草地が約59万haです（2020年農水省作物統計面積調査）。ちなみに、宅地可能面積は約189万ha（住居地面積約30万ha）、工場用地面積は約14万haです。

ゴルフ場国内総敷地面積（2019年）は約27万haとなっています。これは樹園地総面積とほぼ同等、水田総面積の約12%に該当します。この狭い国土の中にコース数世界第2位、全世界の9.7%を占める3,169コースものゴルフ場が存在していることになります（ゴルフ場数2,051)。このように言うと、ゴルフ場は戦後の経済成長の産物として増加し、極端な例では地域の自然を崩壊したという根拠なき論を展開される向きもないではありません。しかし、言うまでもないことですが、近年、農林業地帯で生じている耕作放棄地と放棄人工林の増加による里山の植生崩壊の中で、ゴルフ場では、芝地、残置林ともに専門家（グリーンキーパー）によって維持・管理されてきているのです。

高度成長期に始まるゴルフ場の急激な造成が可能になったのは、最適な日本固有の芝草の存在、その芝草を治水や斜面保護技術へ活用する造園土木技術など、各地で古来育んできた基礎があったからです。だからこそ、内水域（河川敷・海岸など）から亜高山の山地まで立地を選ばずに設置できたわけです。この点は、日本のゴルフ場について考える上で非常に重要な点ですが、その内容は次章に譲るとして、ここでは、ゴルフ場が列島にどのように存在しているのか、自然や立地との関連で概観してみることにしましょう。

2．ゴルフ場の立地と分布

まず、ゴルフ場の地理的分布を見ると、最南端は北緯 24.2° の沖縄県の離島小浜島から北緯 45.3° の北海道稚内まで気候帯を越えて広がっています(最南端、最北端のゴルフ場については、グラビア－4をご覧ください)。ちなみに、この南北の広がりは、フロリダ半島最南端のさらに南からカナダのモントリオールまでに相当します（ニューヨークは北緯 40° です）。また、高度においても分布域は非常に広く、海抜数 m のシーサイドコースから 1,564 m の高原（長野県菅平）にまでわたっています。標高 1,000 m 以上にあるゴルフ場も全国に 59 施設あります。地域として見ると、47 都道府県のすべてに複数存在しており、最も多いのは 244 コースの北海道、２位の千葉県が 165 コース、３位が栃木県の 153 コース、４位兵庫県 122

コース、5位茨城県119コースと続きます（2015年度スポーツ庁体育・スポーツ施設現況調査)。最も少ない県は福井県の9コースですが、他は少ない県として挙げられる山形県、高知県、徳島県、島根県でも十数コースあります。なお、利用については、完全メンバーコースから完全パブリックコースまでの様々な段階のものが存在しています。

ゴルフ場設置場所の立地も景観で見ると非常に多様です。これは、それぞれの立地、地形にレイアウトを調和させるという姿勢で造成された日本の場合と、まずレイアウトのコンセプトがあって造成されている米国のコースとの大きな相違点だと思われます。全国ゴルフコースの立地を把握するに当たっては、インターネットの都道府県別のゴルフダイジェスト・オンラインのゴルフ場予約サイトと一部府県のゴルフ場サイトの写真や説明文を1,000件ほど通覧しました。ゴルフ場の数だけ個性があるという感じの多様さに心を奪われたという率直な印象とともに、レイアウトや造成の技術の高さと芝という植物（とくに日本古来の利用種ノシバ:*Zoysia*属）の持つ潜在力に感心しました。通覧したゴルフ場は、立地から見て次のように分類できました（グラビア－1、2、3参照)。

丘陵地～山地：全体のほぼ85％以上がこれに該当します。丘陵から山地まで、地形もフラットから起伏の大きい土地まで、里域までの距離も都市・市街地に隣接するものから近くの村落や農耕地まで数十kmというものまであります。このようにコース自体の様相も周囲との関係も様々ですが、広義には「里山」に設置されていると言えるでしょう。

平野部：主に関東平野（埼玉県や千葉県の北部など）に多く存在している平地林間コースで全体の10％弱と想定されます。地形的には異なりますが、種々の点で「丘陵地～山地」に類似します。

河川敷：河川敷利用の一つとして国交省河川敷占用許可を得て設置され、市町村の監督指導下で運営されるゴルフ場であり、ほとんどがパブリックコースです。荒川、利根川、淀川などの大型1級河川にあり、全ゴルフ場の3％程度の数と思われます。

海浜：埋立地や利用の転用も僅かにありますが、ほとんどが米国にあるようなリゾートとしてのゴルフ場です。海岸防潮林に位置するものもありますが、海へ向かう丘陵地に設定されている、いわゆるオーシャンコースが沖縄県を中心に多く見られます。全国での設置数は少なく、2～3％程度と想定されます。

3．列島の地形とゴルフコース

日本の地形は、起伏量600 m以上の大起伏山地、200 ～ 600 mの中起伏山地、200 m以下の小起伏山地、火山地（火山傾斜地：火山の裾野などの緩やかな火山差面）、火山灰砂台地・河成・海成台地・段丘など、そして扇状地、氾濫原、砂丘・砂洲など、極めて起伏に富んでいます。日本のゴルフコースは、このような多様な地形の中に造られたものです。既成のゴルフ場の地形を見ると、山地・丘陵の山頂部・尾根部・山麓斜面・谷の中、火山地の山体斜面・山麓斜面・溶岩台地、台地・段丘、そして低地の河川敷・海浜・埋立地に至るまで広範囲にわたっています。

過去のゴルフ場造成地の移り変わりを見ると、初期には火山地や低地に、次いで台地や丘陵地に、そして山地へと進んでいきます。これは、現地形を利用した人工改変の小さい（移動土量50万 m^3 未満）時代から、人工改変が中程度（移動土量50 ～ 100万 m^3 未満）の時代、そして大規模な人工改変（移動土量100万 m^3 以上）が必要な時代へと変わってきたということです。人工改変量が小さくて済むゴルフ場用地の確保が困難になり、次第に自然条件の悪い場所への進出を余儀なくされた結果が、大面積の（コース数の多い）ゴルフ場造成へと向かわせることになりました。これらの条件の悪い土地とは、もともと土質・土性、水利、作業性、移動の便などが悪く、農業利用に苦労したり未利用のまま放置されていた所です。

いずれにせよ、日本のゴルフ場は、世界に類を見ない多様な地形に造成されてきたのです。

4．日本のゴルフコースのレイアウト

ゴルフは野球やサッカーなどと同じ球技ですが、その競技場には他の球技のように画一的な厳しい規格がありません。日本のゴルフコースのレイアウトの特徴は、すでに存在する土地固有の植生と地形そして景観を活かしたランドスケーピングであることです。米国のゴルフ場に見られるように要求されるすべての施設を白地のキャンバスに描くのではなく、与えられた固有の自然環境・空間に造形美的感覚で要求施設を埋め込むことなのです。したがって、日本のゴルフ場のコース（18、27、36などのホール数により構成）はヤーテージ（Par 3、Par 4、Par 5）が同じホールでも、地形の違いに合わせて形態・大きさ・距離そしてハザードや障害物などがことごとく異なっているのです。もちろん、レイアウトはゴルフプレーに必要なコーススタンダードを基準としていますが。

ホールの構成について、プレーの出発点のティーイングエリアから見てみましょう（図1－1）。バックティーとレギュラーティーの2か所が基本ですが、日本ではプレー上の要求や芝生の損傷緩和のために、フロントティー、レディースティーと呼ばれるフォワードティーがあるのが一般的です。昨今は、これに加えて高齢者女性などのために、さらにフォワードしたティーの新設が増えています。かつてのティーのレイアウトは総面積最低600 m^2 などと面積を基準にしていましたが、今や多世代のゴルファーが楽しめるように数が必要なようです。次にフェアウェイですが、この用語はもともとゴルフルールの中にありません。スルー・ザ・グリーンの部

図１－１　ゴルフ場ホールの一般的な構成例（鳥取県、Par 4）
（TE：ティーイングエリア、PG：パッティンググリーン、FW：フェアウェイ、R：ラフ、NR：のり面ラフ、上：早春期、下：夏期）

分のことで、ホールまでのティー、グリーン、そしてハザードを除いた、ボールを打ちやすく芝草を短く刈り取ったすべての場所です。しかし、日本のフェアウェイはこのイメージとは少々異なるのです。芝生を短く刈り取った場所という意味では同じですが、その場所は、ゴルファーが「打ち下ろし・打ち上げ」、「谷越え・山越え」などと呼ぶ地形上のバリエーションと、そもそもフェアウェイからホールのピンが見えないなどハザード以外の障害が多いのです。このようなことから、プレーの進行を早めるためのプレーイング４ルール（第１打がOBの場合、２打罰で指定された場所で打ち直す）と特設ティーの設置など、日本のフェアウェイのレイアウトは極めてユニークです。次はラフ（ゴルフコースから生まれた用語とされる）ですが、これはコースに障害物競技の要素を加えるために管理された部分です。通常、ラフに打ち込んだプレーヤーに、２分の１打程度のペナルティーを与えるための部分で、そのためラフ用芝草と刈り高によって管理されるのが一般的です。しかし、プレーヤーにとって日本のラフは、傾斜や凹凸が多く、のり面ラフや林内ラフなど２分の１打程度のペナルティーでは済まないことも多いのです。昔の話になりますが、米国男子PGA トーナメントが宮崎のフェニックスCC での開催に決まったときのことですが、このままのコースでは試合にならないと言うのです。理由はラフとフェアウェイの芝草（ティフドワーフ）が同じでは障害物的競技として不十分と指摘されたのです。そして、コースレイアウトは、ラフはバヒアグラス（アメリカスズメノヒエ）に変え、フェアウェイを縮小（コンツアリング）するよう指示されました。結果は、当然このようなレイアウトに慣れている米国選手が勝利したことを覚えています。最後にパッティンググリーンですが、日本ではコースの生命とまで言われたこともあり、その良否がゴルフ場の評価に大きく影響する傾向にあります。日本芝、洋芝、２面グリーンなど、気候や歩行損傷に耐える様々な工夫・改良がなされてきました。今日のベントグラスを中心としたグリーンは、パッティングクオリティーにおいて世界最高レベルといってもよいほどです。しかし、これを維持するために大変な苦労とエネルギーが費やされています。一方、欧米のゴルファーには雑草が共存しているグリーンが普通なのです。

今日、欧米のコースレイアウトは、Aesthetic（美観性）、Economical（経済合理性）、Ecological（生態系の尊重）の３条件を満足させることに苦労しています。この点、日本のゴルフコースは、経済合理性に少し問題があるものの他国が追随できない水準にあると言えます。

５．在来種で構成されるコース芝生

日本のゴルフコースの最大の特徴は、日本で古来利用されてきた自生種の日本芝（シバ属２種、*Zoysia* spp.）がほぼ全国で汎用されていることです。シバ属は世界で10種が分布しているとされていますが、ゴルフコースでは、ラフにはシバ（通称：ノシバ）が、フェアウェイにはコウシュンシバ（通称：コウライシバ）が用いられます。葉幅の長さから造園用基準では、シバは大芝、コウシュンシバは中芝に分類されていますが、いずれも葉身は強靭で、ほふく茎をよく伸ばし（栄養繁殖力が強く）踏みつけや刈り込みに対して速やかに葉を再生する能力を持っています。シバの方は北海道南部から九州南部の薩摩諸島までの海岸近くから高山にわたり自生しており（図１−２）、地域ごとに特徴ある野生種が存在します。過去には‘牧（まき）’と呼ばれていた芝型草地に自生するものを切り出して土砂止め・治水などの土木工事や修景に使われてきました。各地域の系統の選抜・育種や交配によって多数の品種が生まれています。一方、コウシュンシバは、長崎県、熊本県、鹿児島県の沿岸部に自生する種ですが、現在は北から南までほぼ全国で利用されています。特筆すべきことは、両種とも日本の風土に適応してきた自生種に由来すること、そして、ゴルフコース造成技術の背景としてこれらを活用する造園土木発達の歴史が存在していたことです。

イネ科植物は、光合成回路の暗反応系におけるCO_2固定の際に炭素が４つの化合物として取り込まれるか、３つの化合物に取り込まれるかの違いからC_4植物とC_3植物に大別されます。芝草では‘暖地型’が前者、‘寒地型’が後者に該当しており、シバ属は暖地型で、寒地型に比べて光合成効率・水利用効率が高く高温耐性に優れ、夏季に高温乾燥する日本各地で生育させやすい種類です。最も広く植栽されているのはノシバで、北海道

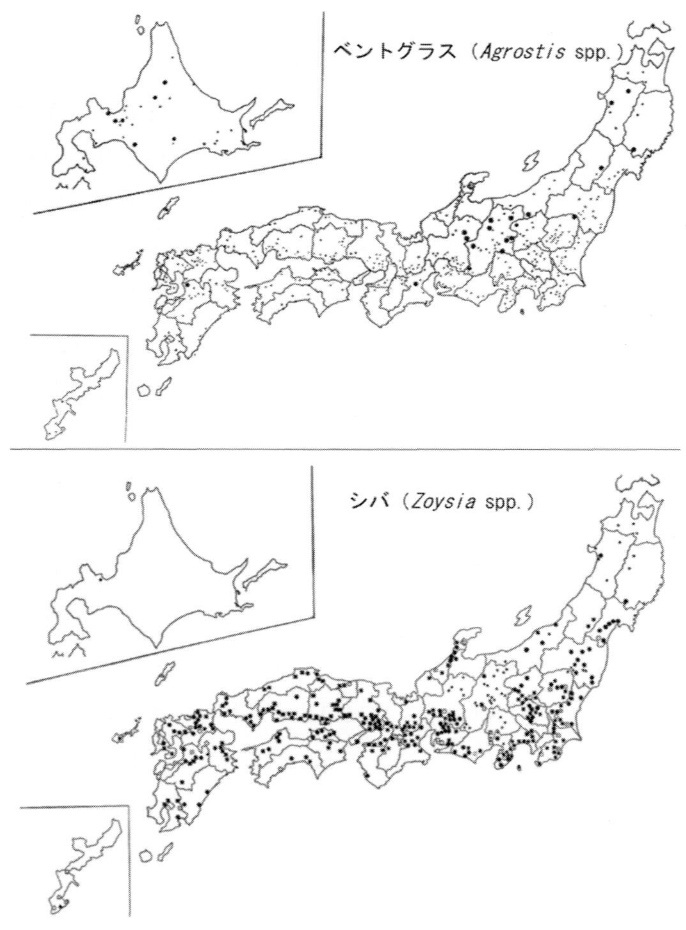

図1－2　日本のゴルフ場におけるシバ（ノシバおよびコウシュンシバ）とベントグラスの植栽分布（北村 1988 から転載）
（47 都道府県 456 のゴルフ場からのアンケート回答結果で示す）

中南部から沖縄県に至るまでのゴルフコースのラフの芝生に適用されています。コウシュンシバ大型種も青森県を除く本州全域のフェアウェイに広く用いられています。シバ（ノシバ）は病気にも強く管理も容易であることから米国でも育種やゴルフ場への利用が増えつつあるようです。同じく暖地型で、シバ属よりもより温暖な気候帯に適するギョウギシバ属の改良バーミューダグラス（ティフトン種）は、山形県を北限とし、東海と近畿の一部、九州中南部、沖縄県のフェアウェイやラフに点在していますが、減少傾向にあります。この他、センチピードグラス、セントオーガスチングラス、バヒアグラスなどが近畿以南、九州、沖縄県に散在しています。

寒地型芝草で日本のゴルフコースに使われているものは、主にヨーロッパ、ユーラシア原産の種類を米国で品種改良が重ねられたもので、種子で輸入しています。フェアウェイやラフでの利用も北海道ではほぼ全域に、東北から中部山岳地帯にも点在し、ケンタッキーブルーグラス、ペレニアルライグラス、トールフェスクの３種混合の造成が多いそうです。ペレニアルライグラスは暖地型で冬季に休眠するコウシュンシバ・フェアウェイの芝生保護と景観維持のため、秋のオーバーシーディングに利用されます。また、芝生面積としては小さいのですが植栽分布が最も広いのは、クリーピングベントグラスです。とくにペンシルベニア大学が作出のペンクロスベントは日本全国のグリーンに採用されており、北海道や高冷地のフェアウェイにも使われています。現在、本種は温暖化に対処するため改良が進められ５～６世代となる品種が上市されていますが、今のところ３～４世代品種の使用が増えています。

第２章

ゴルフ場ができる以前の植生史

1．多くのゴルフ場が位置する「里山」とは

世界に類を見ない日本のゴルフ場の特色は、第１章で述べたように日本の風土と文化の歴史が背景となっています。そして、多くのゴルフ場が「里山」と呼ばれる所に位置しています。なぜ、そうなっているのかですが、それをひも解く前に、まずどういう所を「里山」と称しているのか共有することから始めたいと思います。

「里山」という熟語は、京都大学農学部林学科の四手井綱英先生の造語とされていますが、江戸時代の名古屋徳川藩の「木曾御材木方」(1759年)という文書の中に見つかります。この文書では御料林（御留山・御巣山など）とは別に、里人たちの占有利用が認められた村里や集落に近い山を里山と記しています。里山は里から何里以上離れているかなどではなく、利用の度合いといった相対的なものと思われます。本来は里人が日常的に山の産物利用を繰り返すことにより、生活に役立つ山に改変されていた農用林（御料林に対して）という意味で用いられたのでしょう。しかし、一般的には里山に対して奥山と言うようにわが国の山を分割するような用い方が多いようです。

里山の歴史は、１万年以前の縄文時代の前期あたりから、小規模ながらつくられ始めていたとされます。1992年に発掘が始まった三内丸山遺跡

(青森市) から出土する花粉化石の大半がクリの花粉であり、クリ林の維持管理が行われていたことを示しています。おおよそ5,500年前に草原へと植生変化が進む中、三内丸山遺跡の周辺の山野は、ほぼ完全な里山となっていたと考えて差し支えがないようです。また、このクリの実もあるときから大粒化しますが、DNA分析によって栽培種であることが突き止められています。

三内丸山遺跡よりもさらにさかのぼった遺跡に、縄文時代草創期から早期前半（1万2,000～1万1,200年前）の鳥浜貝塚（福井県三方上中郡若狭町）があります。世界で最古の土器の仲間が発掘された貝塚です。この貝塚の特徴は、膨大な貝殻の出土量にもかかわらず貝類は彼らの主な食料ではなかったようなのです（塩分補給用商品ではないかと考えられています）。貝塚周辺からは、冷温帯の落葉広葉樹の食用種子（ブナ、トチノキ、オニグルミ、クリ、サルナシ、マタタビ、イヌザンショウ）が多く検出され、縄文前期（5,500年前）ともなれば、出土する食用種子は多彩になってきます。特筆すべきことは、鳥浜貝塚からは、わが国では類を見ないほど豊富で、多様な木製品が出土していることです。出土した木製品は11種以上にわたり、使われた樹種も30種に上ります。これは、それぞれの樹種の性質を十分に理解した木材の使い方をしていたということです。

最後に、里山は、森林法という法律によると「森林」とされています。森林法で言う森林とは、「木竹が集団で生育している土地及びその土地の上にある立木竹」の他、「木竹の集団的な生育に供される土地」とされます。林業用語では、森は複層林、林は単層林と区別しています。スギ林やアカマツ林とは呼びますが、これを森や森林とは言いません。それではゴルフ場の立木竹は森林なのでしょうか。森林法では、造成時においては残置森林（第6章BOX 2－1参照）と呼び規制を受けますが、造成完了後はそうでなくなります。

2. 里山利用の始まり：縄文の頃の話

今日の日本列島の景観からは、イネ科草本類（草地・芝地・米麦作地）が国土植生の主役だったことはうかがい知ることができませんが、その維持管理技術や利用技術には伝統的日本文化として発展してきた長い歴史があります。ここでは、ゴルフ場とは一見関係なさそうな大昔の土地利用の話から始めます。

植生の歴史を最も端的に現しているのは表土の変化です。日本の表土の概要についてはBOX 1－1をご参照ください。日本に分布する主な土壌のタイプは褐色森林土とクロボク土（黒色土）です。前者は主に森林下に分布し日本の土壌の中で最も広い面積を占め、後者はそれに次ぐ面積で国土の17%を占め北海道から九州まで全国に広がっています。このクロボク

BOX 1－1

日本の表土

日本列島の土壌は中緯度の温暖で湿潤な気候下で見られる「褐色土」に分類されます。これは気候の差異でできる土壌の分類（成帯性土壌と呼びます）ですが、「プレーリー土」などと同様に植生の発達が見られる土壌です。一方、世界は、植生の発達が貧弱な土壌地帯が圧倒的に多いのです。この気候の差異でできる成帯性土壌に地域の特殊な条件が加わって形成されるのが成帯内土壌と呼ばれる土壌の種類です。現在の日本の土壌は次のように分類されています。

・褐色森林土（国土面積の55.2%に分布）：広葉樹林下で見られるのでこの名称

・クロボク土（同17.3%に分布）：可溶性腐食と微粒炭によって真っ黒なのでこの名称

・沖積土（同16.6%に分布）：泥炭や停滞水成土などの堆積で形成される

・ポドゾル土（同10.1%に分布）：強酸性による粘の漂白層、針葉樹林下などに見られる

日本列島はこのような土壌が入り混じって分布しており、豊かな褐色森林土とクロボク土の上に植生が発達しているのです。農地も森林もそしてゴルフ場緑地も、この豊かな土壌の存在があるからこそ維持できているのです。人工的に表土と植生の形成に年月をかけ、大量の灌漑水を必要とする米国のゴルフ場緑地と大変な違いがあるのです。

それでは表土とは何か、科学的には基岩層（C 層位：堆積岩・火成岩・変成岩など）の上に下層土（B 層位：礫・砂・粘土・石灰岩など）があり、その上が表土（A 層位：砂・シルト・粘土・火山灰・腐食・根系リター・サッチ・土壌微生物・大中小動物・茎葉リター）からなる立体的構造物の最上位のことを指します。この最上位の表土を通常 A 層と呼びますが、A 層は風で運ばれてきた細粒物質の堆積が基になります。この細粒物質の堆積を堆積母材（専門用語では運積成母材）と分類されますが、とくに風成塵・黄砂・火山灰など風で運ばれたもので風成母材と呼んでいます。堆積母材には、この他に水成母材と呼ばれる河川、湖沼、湿地などの土砂や泥炭由来の母材もありますが、日本の A 層の母材は風成母材が主な母材です。以上のように列島の A 層は、風成粒子を起源とする鉱物が地表に堆積し、そこから化学反応によって粘土鉱物が合成され、そこに植生が発達することで形成されてきたのです。ここで強調しておきたいことは、日本のゴルフ場緑地の表土は、数千年の時空を経て形成・維持されてきた自然資源だということです。化学肥料によってではないのです。

土は真っ黒な厚い腐植層を持ち、この腐植層の有機物供給源は、草原植生の主要な構成種となっているイネ科草本であることが分かっています。近年発達した微化石分析（花粉分析、イネ科草本のケイ酸体分析、微粒炭の分析、有機物の炭素安定同位体比、放射性炭素年代測定）、古代の DNA 分析やクロノシークエンス（年代による層序の違いで進化･変化が分かる）などの技術から、様々なことが明らかになりました。まず、クロボク土は縄文時代の始まる約１万 5,000 年前以降に形成され始めたものがほとんどで、形成開始年代は、高地や傾斜地などの利用しにくい場所や村落から遠い場所ほど遅い傾向が見られるそうです。堆積物に含まれる微粒炭の量は、約１万年前以降から増加する傾向が認められ、その頃から縄文人によるイネ科草本の利用があったと推察されます。なぜなら、微粒炭の形成は自然発生の野火によるとは考えにくく、人為的な火入れがあったと思われるからです。さらに、定住型の採取農耕が始まり、竪穴式住居の屋根材や敷物がイネ科草本であったことからも、縄文時代の植生景観は、豊かな草地と自然林や湿地が広がっていたのでしょう。なお、これより前の旧石器時代にはイネ科草本の情報はあまりありません。少なくとも２万年前のステップでは、広葉草本がイネ科草本より優勢であったそうです（その後イネ科草本が優勢になってきたことで、マンモスなどメガファウナの多くの種が餌の不足から衰退していったと考えられています）。イネ科植物の登場は、哺乳類相と後のヒトの出現に決定的に重要となります。それは、イネ科植物はヒトが利用する上で、様々な卓越した性質を持っていたからです（BOX１－２参照）。

BOX１－２

ヒトとイネ科植生

イネ科は種子植物の中でキク科と並ぶ最大の科で、今日、世界に約600～700属、9,500種余りがあると推定され（出典により数に若干の違いがありますが）、熱帯から極地周辺に至る海岸、高山帯、砂漠を含む地球上のあらゆる所に分布しています。代表的の大草原ステップ、サバンナ、プレーリー、パンパスをはじめ、草原植生のほとんどはイネ科植物中心です。イネ科植物は第三紀（約6,500万年前）に入って登場したとされていますが、少なくとも２万年前のステップでは、まだ双子葉草本がイネ科草本より優勢であったそうで、その後急速に広がったと思われます。このイネ科草本の登場は、哺乳類相および後のヒトの出現にとって決定的に重要でした。

イネ科植物の利用と言えば、まず、でんぷん豊富な種子です。ムギ類、イネ、トウモロコシその他雑穀類が世界の人々の食を支えていることが思い浮かびますが、ここで述べたいのは、イネ科の植生（植被）も同等にヒトの歴史においｓ

てなくてはならない役割を果たしてきたということです。これは、栄養体部分（茎葉及び根）が備えている優れた形質によっています。イネ科草本の茎葉には、葉が硬め（ケイ酸含量が高い）で平行脈を持ち細長いことともに、地際（一部は地下）に葉鞘に包まれて保護された芽を多数着生するという共通の特性があります。この点で、生育形態が様々なキク科などの双子葉草本とは大きく異なります。芽が地際に集中していることは、茎葉が失われても速やかにこれを再生させる能力を持つことを意味し、刈り取り、踏みつけ、火入れ、動物による摂食などの攪乱圧の下で他の草本類を圧して植生（植被）を発達させることができるのです。古く古墳時代から草肥農業や牛馬産農業が発達したのは、このようなイネ科植物のポテンシャルを巧みに利用し、質の高い草地を維持できたからです。日本の半自然草地の優占種は、ササ類（メダケ属）、ススキ属、チガヤ、シバ属が主ですが、これらを優占させイネ科植生を維持するには刈り取りは必須であり、その頻度が低いとススキ型草地、高いと芝型になっています。また、刈り取りを放棄すると広葉草本が優占化してきます。

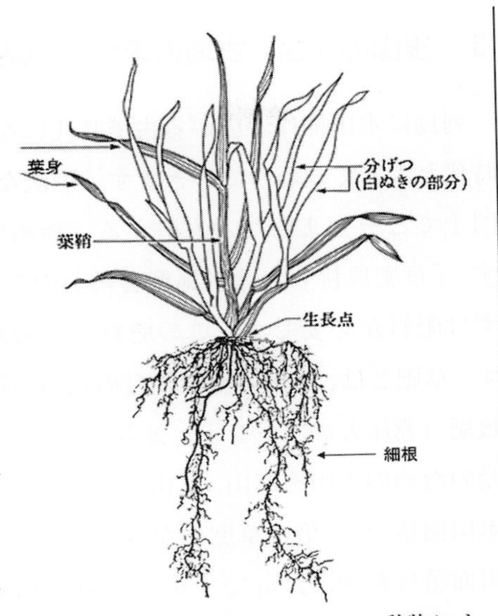

近世にかけて、イネ科草地とくに均質なマットを形成する芝型草地は、そこからの切芝を張ることで土面保護に用いられることになります。地表の均質な茎葉マットとともによく発達した細根が土壌を細かく捕縛し土壌流亡を防ぎます。現在、芝生は土壌や環境の保全に、景観・庭園に、スポーツにと多方面で利用されていますが、古来の芝型草地と同じシバ属（*Zoysia* 属）を使用するゴルフ場芝地（フェアウェイ、ラフ）は、この延長線上にあるとも言えるでしょう。日本の草地のもう一つの代表種はススキですが、長さがよく揃いしっかりした茎葉は、屋根材をはじめとする資材としても広く活用されてきました。

3．里山の発達：古墳の頃からの話

列島に水田稲作が広がる古墳時代になると、イネ科草本類の利用は縄文時代と大きく変わっていきます。肥沃な表土や自然草地に恵まれていない国土でこそ生まれたとも言える、極めてユニークな生産技術が発達します。「草肥農耕」と「牛馬産農耕」のシステムです。イネの栽培には、まずは肥料が必要です。この肥料生産のためのシステムが草肥農耕なのです。草肥とは、水田の土壌改良のための緑肥（刈敷と呼ばれている）、堆肥、厩肥（糞尿とのブレンド、速効性肥料）を言います。そして、この肥料生産のための里山を草山、芝山、柴山、茅山などと呼んでいたのです。当時、水田面積の10倍の草肥山が近辺に必要だったとされています。当時の水田面積は約80万haですから、800万haを超える草山が存在したことになります（図1－3はその一例）。この他、棚田の畦草や砂留林の砂草や湖沼の水生植物などすべてが草肥用だったとされます。一方、牛馬産農耕は「牧（まき）」と呼ばれるもので、列島火山のカルデラと山麓、扇状地、大河川の河原、島、半島、独立丘陵などのほとんどがそのための管理された芝型草地であったとされます。牧の施設は、「放牧地域」、「繋飼地域」、「管理施設」、「牧田・牧畑」、「居住地域」からなり、その規模は様々ですが、最小でも250ha、大きいものでは1,000haを超えていたようです。発掘される馬具類からも、牧は鹿児島県から青森県に至るまで全国に広がっていたことが分かります。まるで現在のゴルフ場のようです。

このように、農耕の発達とともに必要となった広大なイネ科植生は、「草」、「火入れ」、「鎌」という基本技術で成り立っています。適切な刈り取りと火入れや放牧（草種の選別、刈り取り時期や回数、野焼き時期と手順など）によって保全されてきたことで、この頃から近世にかけて列島に豊かな表土が形成・維持されます。一方、芝型草地から切り取ったソッド

図１－３　比叡山（京都市）も昔は草山だった
（上：再撰花洛名勝図会－東山全図より、下：現在）

（切芝）で芝生がつくられるようになり、土葺き材として古墳の墳丘斜面崩壊の防止や住居の雨漏り防止などに用いられてきましたが、治水工材（築堤補強）、土塁工材（城壁・土居補強）、地盤安定材（盛土・切土崩壊・浸食防止）、そして土砂災害地の復旧にも活用されるようになります。

4．里山利用の変化：近世の話

近世に入りコメを中心とした貨幣経済と商品流通経済が発展するにつれ、工芸作物、特用作物、園芸作物など換金作物の栽培が盛んになります。農用牛馬の飼育も広がり厩肥が得やすくなるとともに、緑肥として水田にマメ科植物などを播種する技術や骨粉・魚粕・油粕・豆粕などの金肥（お金で買う肥料）が普及してきます。古代から列島に広がっていた農用採草地の利用は半減していき、そこにマツ、クリ、クヌギ、ナラなどが栽植され、いわゆる薪炭林が形成されていきます。また、この時代になると芝生は修景用庭園資材としても売られ、商品として流通するようになります。

このような中、水田開発は急速に進み、そのための自然改造によって土砂災害も頻発します。上流域からの土砂流出は中・下流域に水害をもたらし、大きな社会問題となります。そこで、このときの幕府は1684年に近世の砂防制度と言える土砂留制度を発布し、土砂災害の防止を行います。この制度は、土砂流出箇所へのシバ（伏芝）、ササ・竹、木苗、カヤの植栽を命じることと、草木の根を掘り取ることを禁止するというものです。これを徹底するために幕府は、土砂留奉行（土砂留大名）を任命し、領民との直接交渉に当たらせたのです（BOX１－３）。本来、幕藩制度とは幕府→個別領主→領民の関係ですが、こと土砂災害の防止は、幕府→土砂留大名→領民と、領主権を侵害して行うほど重要だったようです。一方、領民は、河川の堆積土砂を貴重な水田改良資材として、また土手の草本は草肥や家畜飼料として利用・管理していました。この土砂留の慣習は、明治の治水三法が制定されるまで続いたようです。

BOX 1－3

「土砂留奉行制度」って何？

ちょっと古いお話です。近世に入り日本列島では水田開発が急速に進み、この自然改造によって土砂災害が頻発します。上流域から土砂が流出し、中・下流域に水害をもたらし、大きな社会問題となったのです。1684 年、幕府は土砂留制度を発布し、今日の砂防制度とも言える土砂災害の防止を行います。この制度は、土砂流出箇所へのシバ（伏芝）、カヤ、竹木、木苗の植栽を命じることと、草木の根を掘り取ることを禁止するというものです。これを徹底するために幕府は、土砂留役として土砂留奉行（土砂留大名）を任命し、領民と直接交渉に当たらせたのです。本来、幕藩制度とは幕府→個別領主→領民の関係が基本なのですが、こと土砂災害の防止に関しては幕府→土砂留大名→個別領民と、領主権を侵害して行うほど重要なことだったのです。一方、領民には、飼料･肥料としての草木の採取、水田改良資材としての河川の堆積土砂の採取、土手の草本利用などの権利が与えられています。この制度は、明治 30 年にいわゆる治水三法が制定されるまで続いていたようです。時代が時代なら、今日のグリーンキーパーは砂留侍か御料林野の牧長（まきおさ）として重用されていたでしょう。

さて、土砂留に有効な工法はいろいろありますが、ここでは土砂留に使用されてきた草本類について紹介します。伝統的に用いられた草本類の代表は、ノシバ、チガヤ、チカラシバ、カゼクサ、メダケ属やササ属、ススキなどの自生種と、明治時代に導入したシナダレスズメガヤなどです。これらの草本類は C_4 の多年生イネ科植物で土砂留機能が高く適応力もあり、切土、盛土、堤防、畦畔など、いわゆるのり面の保護に広く用いられていました。しかし、近年この伝統的な緑化工法が激変することになったのです。なんと早期緑化工法と称する C_3 のイネ科植物（寒地型牧草種）種子の吹き付けに変わってしまったのです。この見かけだけの緑化工は‘安物買いの銭失い’のことわざ通りで、案の定、C_3 イネ科牧草の花粉症（ヨーロッパ型花粉症）の発現、シカの越冬飼料、逸出して雑草化などの問題を起こしています。

5．政府による里山の管理：明治以降の話

明治新政府は幕府の所有地を引き継ぎ国有地とします。小椋（2006）によれば、明治17年の統計では、引き継いだ林野面積は、原野（御料牧など草地）が約1,200万ha、山林（御料林・御林・御林山など）が約560万ha、これが国有林野となります。同じ頃、「大日本山林会報告第17号」には、全国土地反別として公有・私有を含めた林野面積は原野（山野）が約1,360万ha、山林（森林）が約1,670万haという数字が記されています。この時代の日本の林野は、今と大きく異なり山林と原野が占めていたことが分かります。また、その山林は燃料山と呼ばれるほど、ほとんどが薪と木炭に用いる燃料木（アカマツとナラ類）で覆われていたとされます。そして、林野庁の名称からもうかがえるように、（山）林や（原）野を監督する官庁が生まれ、警察署、税務署と同様に国有林野を直轄する営林署が設置されます。

一方、国有原野約1,200万haは、農耕用・牽引用・輸送用牛馬、そして軍用馬の生産を目的とした馬産用草地となります。ここには第2次世界大戦後に至るまで、その保護に莫大な奨励補助金が投入され続けます。日本陸軍の重要な動力源である馬産の場として、そして飛行場をはじめ軍用施設の芝生造成への資材供給にも大きな役割を担っていたのです。

第2次世界大戦が終わった1945年、連合国軍最高司令官総司令部（GHQ）は、日本における占領政策を本格化させます。その基本方針は、既存の官僚機構を利用した間接統治による民主化の達成でした。そのため、軍事部門の参謀本部の他に民政部門の幕僚部を設置しました。この幕僚部の専門部局の一つに天然資源局があり、農地改革をはじめ農業･林業･漁業・鉱業分野の改革を進めます。そして、それぞれの分野の専門家の多くがアメリカから呼ばれ任務に就きました。ニューディーラーと呼ばれた

社会改革派の官僚です。彼らの目には、日本の小作農制度と農業が労働集約的で非近代的なものとして映ったのでしょう。このことから、地主制度の廃止と農地所有制度の改革を命じます。記録によると、1947 年から 1950 年の間に 193 万 ha の農地を国が地主より買い上げ、耕作していた小作人に売り渡されたとされています。これによって、戦前の日本の農村を特徴づけていた地主制度が完全に崩壊し、戦後の農村は自作農がほとんどになるのです。そして、入会地（共有林野）の所有や管理の制度も大きく変わっていきます。一方、実質的にタダ同然で農地を失った地主は、さらにインフレによって山林や原野を売り払うことになります。そこに国の画一的な公共投資計画が入り、戦後の里山は一挙に変貌していきます。これまで日本人が長い歴史の中で培ってきた農業生産形態や技術、そして里山景観を否定したのは GHQ だとしても、変えたのは日本政府、すなわち日本人なのです。現在の里山については後述します。

第3章

日本の社会経済的環境とゴルフ場造成史

1．米軍ミリタリー・ゴルフコースに始まる本格造成

日本におけるゴルフ場の本格的な造成は、1945年に日本に進駐した米国軍によって始まります。これをさかのぼること40年前の1903年、日本初のゴルフ場は英国商人アーサー・ヘスケス・グルームによって神戸六甲山の尾根筋の草地を借りて発祥しました。現在の神戸ゴルフ倶楽部です。その後、戦前には明治期に2か所、大正期に13か所、昭和期に8か所と時の貿易商や財閥によって23のゴルフ場が造られましたが、大半が転用または閉鎖されています。ゴルフというスポーツが世間に知られていなかったことや敵国スポーツとされたからです。

著者のゴルフ場とゴルファーとの出会いは小学生のとき（1948年頃）です。京都に第6軍（西日本を占領）が進駐し司令部が置かれ、多くの米軍将校とその家族が京都府立植物園内に居住しました。府立植物園は樹木と美しい芝生からなる住宅地に変わり、芝生の野球場もできました。そして、京都大学農学部付属上賀茂演習林と上賀茂神社の社叢林が接収され、米軍将校や軍属のレクリエーションのためのゴルフ場も整備されました。比叡山には避暑のためのコテージが立ち並び、清浄野菜栽培施設もできました。京都の景観は、米国陸軍工兵隊仕様のブルドーザーによって一挙に変わりました。田畑と薪炭用のマツ林やクヌギ林しか知らなかった私たち

は、初めて一面が芝生に覆われたゴルフ場という外来文化に触れることになったのです。私たちも傷だらけのゴルフボールや折れたティーをもらい見よう見まねで道端ゴルフをやりました。このような米軍将校家族の住宅（ディペンデントハウスと呼ばれる）や基地やその周辺に造られたレクリエーション施設の一つがゴルフ場(米軍ミリタリーコース)だったのです。京都上賀茂に造られたゴルフ場は戦後最初の新設ゴルフコースであり、現在も京都ゴルフ倶楽部上賀茂コースとして営業しています。

1952年の駐留終了までに、戦前にあったゴルフ場（ほとんどが畑になっていましたが）が一つ、また一つと整備・再開され、新たな造成もされます。ミリタリー・ゴルフコースとしてどれだけ利用されたのかは正確には分かりませんが、おそらく50コース以上あったと推測されます。ちなみに、この頃の日本では米軍兵士や軍属のゴルファーが活躍し、1951年関東プロゴルフ選手権での日本アマでは米軍兵士同士が決勝を争ったとの記録があります。以上のように、少なくとも、日本におけるゴルフ場造成の第一波はこの時代（1945～1952年）にあると言えそうです。なお、2021年現在、日本の米軍基地にあるミリタリー・ゴルフコースは10か所です。

2．造成・ゴルフブームの始まり

日本独立後の1953年頃のゴルフ場はというと、新規造成は遅々として進みません。経済的に余裕もなかった時代でもありますが、何よりもゴルフというスポーツが知られていなかったことの方が大きく影響していたのでしょう。この状況が一変するのが、1957年にゴルフのカナダカップ戦(現在のワールドカップ戦）が日本に招致され、なんと日本チームが優勝したことでした。外国人チームが日本芝のコースに不慣れだったとか、コウライシバのグリーンが初めての経験だったとか、その理由はさておき‘日本チーム優勝‼’が新聞紙面をにぎわしたのです。このときのゴルフ場数は

116、利用者数は141万人でしたが、このことによって1960年に入ると年間利用者数は倍増、東京オリンピックの開催年（1964年）には、新規造成ゴルフ場が262か所、利用者数1,000万人を超え、僅か7年で急増します。1960年代末までにはゴルフ場総数558か所、延べ利用者数は1,800万人を超えることになり、ゴルフもようやく認知されたスポーツになっていきます。

3．造成・ゴルフブームの推移

ゴルフ場コース数（18ホール単位）については、現在、日本は世界第2位にあります。既設ゴルフ場数は、2004年の2,363をピークに減少傾向にあるものの、2022年現在、既設数2,182、営業中2,133となっています（日本ゴルフ場経営者協会）。では、どのようにして、ここまで増えてきたのでしょうか（図1－4）。

前述のように、1960年代にすでにその兆しが見えたゴルフ場造成は、その後2回の造成ブームをもって今日の状況を迎えています。まず、「第1次造成ブーム」と称されるのは、1970年頃からの約10年間で、毎年、ゴルフ場の新規造成は100か所を超え、延べ利用者数は約十数％と著しいスピードで増えていきます。そして、1970年代末時点でのゴルフ場数は総数1,400を超え、延べ利用者数は5,000万人を超えることとなります。それと並行して私たちの生活の場では、ゴルフトーナメントのTV放映も盛んになり、有名プロゴルファーの活躍、豊富なゴルフ用品の普及、そして、ゴルフ場でプレーを楽しむのも身近なことになりました。ゴルフ場造成ブームが先か、それともゴルフブームが先かは別にして、ゴルフというスポーツが私たちの生活圏に広く浸透したことは確かです。

1980年代に入ると、オイルショックの影響を受け、造成ブームは一時的に下火になります。しかし、1985年頃からはゴルフブーム、円高、含

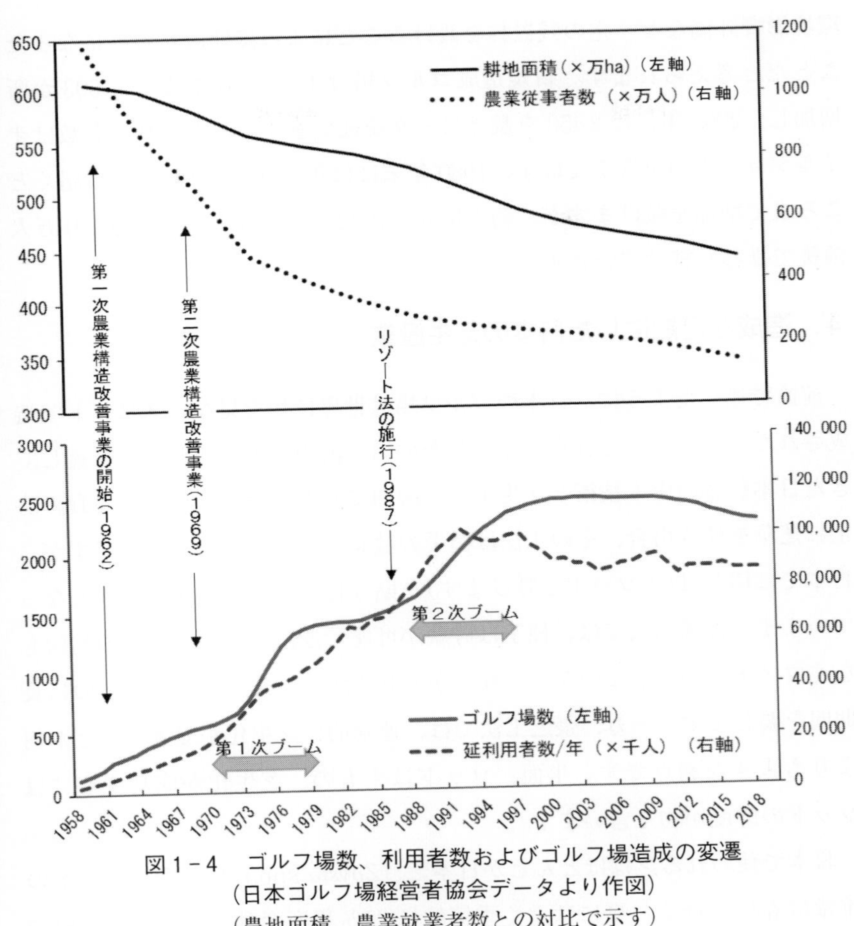

図 1－4　ゴルフ場数、利用者数およびゴルフ場造成の変遷
(日本ゴルフ場経営者協会データより作図)
(農地面積、農業就業者数との対比で示す)

み資産、インフレ、金余り現象など様々な社会的・経済的な要因によって再び新規の造成が始まります。その後 1989 年末までに 303 か所増加して総計 1,772 となります。そして、約 10 年の「第 2 次造成ブーム」に入ります。この造成ブームの原因となった大きな変化は、国民の余暇の向上を謳いリゾート法（1987 年施行）などによって樹林の伐採も可能になり、

環境影響評価など一定の残置林を設けることによって建設が容易になったことだと考えられます。新規造成ゴルフ場は1990年代末までに603か所増加し、2003年には2,450を数えピークを迎えます。一方、利用者数はオイルショックの影響を受けず、1980年末には年間延べ9,000万人に届くところまで増加を続けますが、約1億人（1992年頃）をピークに8,500万人前後で推移し続けています。

4．造成を可能にした日本の芝生産業

前節で述べたように、日本のゴルフ場は世界に類を見ないスピードで造成されたのですが、それを可能にしたのは、治山治水に関わって発達してきた日本独特の土木技術と芝生生産・流通でした。欧米では土壌浸食の防止に芝草を使う場合、その工法は種子の散布（播種工法）が基本ですが、日本では切芝(以下ソッドと呼びます)を貼り付ける張芝工法が基本となっています。播種工法では、種子は貯蔵が可能で運搬も容易、面積の制約もなくコストもかからないなどの利点がありますが、芝生が完成するのに長期間を要します。一方、張芝工法では、速効的に芝生化ができることが何よりも大きな利点です。半面、ソッドは生もの、芝生化が成功するにはソッドの鮮度が物を言います。

日本で使われる芝はほとんどが日本芝（*Zoysia* spp.）で、そのソッドの重量は春には軽く、夏には重く季節的に20%程度変動しますが、一般的には1束（1 m^2）約10 kg内外です。仮に、フェアウェイ15 ha、フェアウェイラフ10 ha、ラフ15 ha、合計40 haのゴルフ場造成を想定して必要なソッド量を試算すると、80%目地張り（20%ソッド間隔をあける）にして32万束、約3,200 t（10 t積載トラック320台分）となります。鮮度維持の観点からは、これだけの総量について、工期に合わせて必要量を搬入する必要があります。芝生化造成工程ではソッドの品質の維持と活着率を

高く維持することが不可欠です。ソッドは積んでおく間に速やかに劣化するからです。この鮮度と数量の管理を可能にしたのが、全国に広がる芝生生産農家（芝生生産は農業なのです）と芝生仲買業の存在、そして大型トラックによる輸送と高速道路の利用です。

ソッドの生産は、専業仲買業者による委託生産と兼業仲買業者による契約生産が中心です。個別農家の生産規模は小さいのですが、生産地が団地化されまとまっているのが普通です(図１－５)。芝生産地の変化を見ると、ゴルフ場造成ブームが始まる前の生産量は、静岡県が断然トップで、東京都、鳥取県と続いていましたが、第１次造成ブーム期になると、茨城県がトップに躍り出て、鹿児島県、静岡県の順になり、ゴルフ場数がピークを迎える 2003 年には、栽培面積は全国で約 7,600 ha、茨城県では 4,130 ha になります。平均的なソッドの販売先は、ゴルフ場向けが約半数、その残りを土木用と造園用が半々といったところです。いずれにせよ、日本の伝統的な芝生栽培とサプライチェーンが、ゴルフ場造成に決定的な影響を与えたことは確かでしょう。ここで、この芝生産業の発展に人生をささげら

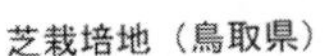
芝栽培地（鳥取県）

切出し

図１－５　日本芝生産地の様相

れた著者の知人をぜひ紹介しておきたいと思います（BOX 1－4）。

BOX 1－4

社名を日本芝にした起業家のお話

日本芝（ノシバ）を学名では、*Zoysia japonica* と言います。この学名をもじって ZOYSIAN JAPAN（ゾイシアンジャパン株式会社）の社名で芝生専業会社を起こした人が宮池誠文氏（2020 年帰天）です。氏の父上は第 2 次世界大戦中、山野に自生するノシバを切り取り陸軍航空本部の軍用飛行場を造成することが生業でした。当時の日本の飛行場は滑走路がコンクリートやアスファルトではなく芝生だったのです。戦後になると父上の事業は消滅しますが、誠文氏は広島県神石郡の山地を開拓し、1967 年新たに芝生販売・施工請負会社（山陽芝生商会）設立、芝生栽培・施工事業、自社ゴルフコース（仙養ヶ原ゴルフクラブ）造成、ノシバ新品種開発・登録（ひめの）、日本屈指のノシバコレクション、新張芝工法（ZN 工法）などを精力的に展開して、1988 年、現在の芝生専門メーカーゾイシアンジャパンに発展させます。

天然芝だけを育て続けて 60 年、ノシバの優良品種開発、革新的植え付け工法など氏の業績は特筆するものばかりですが、「ゾイシアンの開発した技術のすべては、現場のニーズから生まれたものばかり」が口癖でした。氏には、芝草学会、NPO 法人グラスパーキング技術協会、NPO 法人緑地雑草科学研究所の運営において多々ご支援を頂きました。

ご自慢の芝生造成機械を前に宮池氏（左）と著者

今思い起されることは、案内されたＭ＆Ｙノシバコレクションでの氏の自慢たっぷりの説明、ゴーローン・Mway・RW などの工法やシステム名の由来など楽しそうに話されていたことです。最後にお会いしたのは、仙養ヶ原のクラブハウスでジンギスカンをごちそうになったときです。印象に残ったお話は、

「この状況ではこの地域の価値はどんどんなくなる、放射能汚染土の引き受けでお役に立てないだろうかと考えている」とのことでした。本当に芝生を愛し、その普及に一生をささげた起業家だったということが言えます。なお、矮性少穂型選抜ノシバ「ひめの」は、全米芝草評価プログラム（NTEP）において、緑の濃さと穂の少なさで No.1 に選ばれています。

ちなみに、英米のソッド商品の90％以上は、公園などの公共施設、住宅、商工業施設で使われ、ゴルフ場で使われることはありません。実際、芝草種子の生産・販売会社とソッドの生産・販売会社とは異なる業種です。話が変わりますが、かつて鳥取県芝生産組合の技術屋さんを米国ペンシルベニア州のソッド生産会社に案内したことがありましたが、そこでのソッド栽培面積が約 400 ha、８人の従業員で運営しているとの話でした。また、販売先は、すべて小売市場に出荷しゴルフ場向けには全くないということでした。そのときの鳥取県芝生産組合の栽培面積は約 400 ha、組合農家数約 400 戸、ゴルフ場向けが 50％強、造園業向け 30％、残りが土木資材ということで、小売りはないとのことでした。

なお、パッティンググリーン、寒冷地のフェアウェイとラフ、冬季のフェアウェイのオーバーシーディングには洋芝（寒地型のベントグラス、ブルーグラス、ライグラス類）の種子が使われていますが、これらについては品種開発・育種技術が発達している米国から輸入しています。

5．造成を可能にしたもう一つの要因：農村・農業社会の変貌

日本の大半のゴルフ場は、里山と称される地帯に造成されています。ここには古来、周辺の植物と共存して暮らす豊かな文化が育まれていましたが、これは戦後における農業と林業を対象とした国の二大政策によって根本から改変されてしまいました。

林業については、森林開発公団や造林公社などの公共事業（拡大造林政策）によって1961～1966年までスギ・ヒノキなどの針葉樹が毎年40万ha前後植林されました。そこは、従来、里山共有林野である広葉樹やマツなどの薪炭用林と、建築・梱包・土木建設・パルプ等用材の商業林であった所です。この事業は単に植える場所がなくなったという理由で高度成長期の終わりとともに急速に減速していきます。

農業の方については前節で述べたように、第2次世界大戦後、日本の伝統的な地主制度が解体され、自作農創設特別措置法、そして農業基本法が制定されます。これによって、全国になんと475万戸の自作農が生まれたのです。これからは、地主に代わって行政機関が面倒を見ますというわけで、第1次農業構造改善事業が始まります。本事業は1962年に始まり1970年の第2次構造改善事業まで行われます。水田改良、ミカン園の開園などが急ピッチで行われました。しかし、国の期待に反し、この間1,400万人あった農業就業人口は400万人の人口流出で1,000万人に、606万あった農家数も200万戸に、専業農家数も83万戸に激減したのです。新農業構造改善事業、そして構造改善事業後期対策（1983年）が次々に講じられますが、農村からの人口流出は止まらず、1990年代に入ると農業就業人口は480万人、専業農家数が50万戸にまで減少します。他方、列島改造のスローガンの下で進められた道路、鉄道・工場用地などの盛土や埋め立てに使われた膨大な土砂や砂利もまた、里山から採掘・搬出されたのです。

このように、集落単位で維持されてきた伝統的な里山（入会林野や共有林野）は、1960年代の高度成長期を中心に徹底的に変貌し、その結果が今日の荒廃したスギ・ヒノキ等人工林や雑草の蔓延する耕作放棄地を生むことになります。ゴルフ場は、換金されたこれらの土地の受け皿（つまり新しい地主）となり、所有する芝地・残置林を管理し里山・里地の植生や自然を放任による荒廃から保全し維持してきたのです。誤解を招くのを承知で表現すると、「山はお荷物」と言われていた放置林野を金の成る木に変え、新しい雇用までくれたというわけです。このような背景を理解せずゴルフ場を自然破壊の元凶と見て加害者に仕立て上げたのが、第1次ゴルフ場造成ブームのときの騒ぎだと言えます。

第2次ゴルフ場造成ブームは1990年前後から始まりますが、これまでの農業構造改善事業が農業農村活性化農業構造改善事業（1990年）と名を変え始まったのとまさに期を一にしています。驚いたことに、この構造改善事業にリゾート開発などが目標に加えられたのです。そして、農業はウルグアイ・ラウンド農業合意を受け、補助金のバラマキ農政の様相を呈していきます。一方、国がゴルフ場に対して行ったことは、環境省による2003年からの排水口からの水質検査でした。面積的にも量的にも水田や園芸での使用量と比べると比較にならないほどその流出量は小さいのに、なぜ、このような理解に苦しむことが生じているのか、その詳細は第5章で紹介します。

第 4 章

ゴルフ場はそもそもどう発祥し発達してきたのか

1．ゴルフ場の起源

ゴルフと呼ぶゲームの起源はいくつかの説がありますが、15 世紀のオランダで行われていた氷の上でポール（穴ではなく垂直に立てられた棒）に当てる遊びにあるとされています。アイスホッケーのようなものです。ゴルフゲームとして成立するのは 1600 年代で、スコットランドにおいて人手が加えられていない自然のままの海浜地（linksland）でボールをゴルフスティックで目標のホールに向かって打つようになってからです。今日でもゴルフコースをゴルフリンクスと呼ぶのはその立地が貧弱な草しか生えない海浜（links）の砂地だったからです。なぜこのような所にゴルフ場ができたのか、その理由は、海浜の近くに大きな貿易港があったことから長期滞在のオランダ商人が暇つぶしのために始めたと言われています。この時代のゴルフ場は、ホールの周りだけが手入れされていたようですが、ティーインググリーン（teeing ground）やパッティンググリーン（putting ground）はとくに区別されていませんでした。その後、ゴルフゲームの進歩に伴って 1741 年に最初のルールが策定され、ティーインググリーンやパッティンググリーン、次のホールなどコースが明確に区分されるようになっていきます。お断りしておきたいのは、ここで言うグリーンとはグランズ（grounds：砂地を固めた部分）のことで、私たちが知っている緑の絨毯のような芝生とは程遠いものです。これらのゴルフ場の植生は、強風、塩風、高温、家畜や野生動物によって短草化した先駆種のイネ科草本でした。しかし、ゴルフとそのルールが普及するにつれて、ゴルファーのゴルフコースへの要求が、'自然のままや在りのまま' からルールに則した '手入れされた' へ変わっていきます。1800 年代になると、これまで作業労働者で事足りていたゴルフ場に、グリーンの改良やキャディーなどを職業とする人たちが生まれてきます。そして、ゴルファーとゴルフルールの進歩によって、ゴルフ場の育成に必要な専門職の人たちが育っていくことになります。

2．ゴルフ場の専門職グリーンキーパーの誕生

ゴルフ場発祥の地である英国、世界最大のゴルフ王国である米国、そして日本では、この専門職の歴史も現状も、国の技術的・経済的発展の影響を受けて大きく異なっています。日本ではゴルフ場利用者でも芝刈り作業中のグリーンキーパーを見かけることはあってもその活動の全貌を知る機会はほとんどありませんが、彼らの役割なくしてゴルフ場もゴルフ自体も成り立ちません。英国や米国のゴルフ場発展の歴史はキーパーの技術史でもあるのです。今日、英国のグリーンキーパー（greenkeeper）はゴルフ場における多岐にわたるコース管理の責任者として認知されています。英国のキーパーの歴史は、スコットランドでゴルフクラブのグランズ（grounds：地表）のケアのために採用されたのが始まりといわれています（1819 年頃）。もともとはスコットランドのリンクスゴルフ場のキャディー（caddie：使い走りの若者）の中から誕生したと考えられています。英国では今でもグリーンキーパーや芝生の管理者のことをグランズマン（grounds man）とも呼んでいます。遅れて 1900 年にはアメリカやカナダにもゴルフ場芝生の管理を専門とする人々が採用されますが、この人たち

はグランズ・スーパーインテンデント（grounds superintendent：地表・表土監督官）と称する技術者です。今日ではターフ・スーパーインテンデントまたはゴルフコース・スーパーインテンデントとも言います。グランズの意味からから分かるように表土（土壌ではありません）を守る専門職の人たちなのです。表土を守るとは表土の侵食を防ぐための芝生植生を管理することで、その技術を身に着けた人たちがスーパーインテンデントなのです。これらの専門職には、基礎知識・応用技術の習得と実践能力の取得が必要であり、それは認知されたキャリアコースを経ることによって得られます。米国のキーパーが環境保全と経済性の両立を求められる中で、どのようなことを意識して最良管理に臨んでいるのか、その意識調査の例をBOX 1－5に紹介します。

BOX 1－5

米国グリーンキーパーの芝生管理意識

今日の米国では、芝生の管理において環境保全と経済性を両立させなければならないことが最大の課題になっています。このために、まず策定されるのが芝生の最良管理慣行（Best Management Practices：以下BMPsと略す）なのです。BMPsは、作業手順や仕様のマニュアルではなく、方針や規準あるいはビジョンやポリシーに近いもので、管理責任者、資材情報提供者、管理サービス情報提供者、技術・学術専門家（大学・試験場・コンサル・専門公務員など）などが協働して作成します。生き物である芝生の環境管理において、BMPsのない管理作業は、社会・経済的損失を招くものとして受け入れられることはありません。

最近、カリフォルニア大学植物科学部と州の食品・農業部が行った芝生管理者・責任者（305サイト）の芝生BMPsに対する意識調査（実践状況）の結果を紹介します。設問は、BMPsに関わる8つの項目について、「重要ではない～極めて重要である」、「実践したことがない～常に実践している」、「実践の可能性は低い～実施の可能性が高い」、「容易に実行できる（できている）～実行困難である」でスコアしたものです。

1）潅水用の水管理（Irrigation BMPs）

2）施肥プログラムの改善に係ること（Fertilization BMPs）

3）適正芝生の選択に係ること

4）刈り取りプログラムの改善に係ること

5）総合雑草病害虫管理（Integrated Pest Management：IPM）

6）化学物質から水資源の保全

7）化学物質から有用植物、動物、人の保全

8）野生生物生息域の保全

各設問の詳細は省きますが、芝地管理におけるBMPsの8つの項目すべてに対して、全回答者の70～80%が極めて重要と認識しています。実践状況は項目によって違いがあり、全回答者の80%がすでに実践しているものから40%程度にとどまるものまで見られます。最も注意が払われているのが灌水用の水の確保と使用計画で、日本との環境の違いが浮き彫りです。次いで施肥プログラムの改善で、水質汚染を避けるための施肥量の最少化と施肥回数の分散化の実践です。芝生の選択や刈り取りプログラムの改善は、豊富な技術情報を活用して実践されているようです。化学物質に関しては、水資源の保全のための窒素肥料・除草剤の季節的集中施用の回避、EPA（米国環境保護庁）のデータに準じた最も安全な薬剤の選択、野生生物生息地保全のための行政府プログラムへの協力が実施されています。一方、20～30%の回答者が極めて実施困難な項目があると答えています。その代表はIPM(総合雑草病害虫管理)ですが、理由は病害虫の対策に化学薬剤の使用が最後というプロセスへの技術的対応が難しいということです。

他方、日本においては、グリーンキーパーは誰でもなれる職業ではないものの、体系化されたゴルフ場管理技術を習得する教育機関がない中で生まれた専門職と言えます。また、情報交換や交流面についても、英国・欧州におけるグリーンキーパー協会や米国・カナダ・オセアニアにおけるゴルフコース・スーパーインテンデント協会のような全国規模の技術者団体

がありません（日本グリーンキーパーズ協会はありました）。このような状況下でも個々のゴルフ場の芝生が一様に高いレベルで維持されてきたのは、日本のグリーンキーパーが伝統的に受け継いできた芝生育成管理技術の上に、国外で開発されたグリーン用芝草品種をはじめ芝生用管理機器や資材が関連企業から紹介され、導入・適用されたことによると思われます。

3．英国ゴルフ場の技術外史

英国に始まった産業革命は、欧州全体に広がっていきます。18世紀後半になるとゴルフもその影響を受け、ゴルフゲームの普及、ゴルファーの増加、そしてゴルフルールの進展などが起こります。それに呼応して種子会社は、パッティンググリーン用種子の販売を始め、育成の仕方も紹介する冊子やカタログを備えて普及に力を入れます。また、グリーン用器具類や外燃機関（蒸気機関）を用いた芝生用ローラーなども販売されるようになります。グリーンの芝生には、ファインフェスク、メドーグラス、矮性ペレニアルライグラスなどの芝草が使われるようになります。これらの芝草種子はブレンドされ、雑草発芽抑制物質（どのようなものかは記載がありません）と共に播種されていたようです。芝生の管理は主としてローラーによる踏圧管理で、ヘビーローラーやライトローラーのように場所によって使い分けられていました。そして、育成には人力と馬力の利用が一般的でした。芝地の管理には人や馬がけん引する牧草用の草刈り機、農耕車、散水車、馬鍬（まぐわ）など使い慣れた農具が用いられました。英国ではその全域（スコットランド、アイルランド、イングランド、ウエールズ）で牧畜が盛んなことから、芝草や牧草地管理の農具、そして技術を容易に転用することができたのです。

さて、ゴルフ場の聖地と言えばセントアンドリュース・オールドコース（1552年設立）ですが、ここに始まる英国ゴルフ場470年の歴史は、産業革命、2回の大戦など様々な社会変化や技術発展の中で芝生の管理技術の革新はあったものの、立地としては海浜（リンクス）かヒース荒地（ヒースランド）にあって地域の自然文化を継承し続けています。このためかどうかは分かりませんが、80%近くのゴルフ場は原則プライベートコースです。最後に、現在の英国においてゴルフリンクスと呼ばれるための10か条を紹介します。

・海沿いに立地していること
・そこの自然の地形を活かしていること
・自然にできた地表の凹凸や傾斜などを人工的に均していないこと
・ラフには海岸特有の自然の植物（weeds）を用いること
・バンカーは砂が飛ばないように小さく、深く、そして多数設けること
・フェアウェイの芝生には散水をしないこと
・コースには樹木を植栽しないこと
・コースは真っすぐにレイアウトされていること
・コースのイン・アウトが折り返しになっていること
・その他

以上のように、英国においてはゴルフ場の存在はゴルファーのためだけではなく、自然植生・景観の保全そして砂防の役割も担っている文化資産にあることが分かって頂けたと思います。

4．米国ゴルフ場の技術外史

20世紀初めになると、米国にも産業革命の波が押し寄せ、新移民によって新エネルギー、技術、アイデアがもたらされ、文化、ビジネスに大きな影響を与えます。米国農務省（USDA）も牧場や草地の芝草の研究を開始していましたが、英国の牧草種の導入試験程度のものでした。この時代の農業生産の制限因子は労働力で、これによって耕作規模が限定されていま

した。その訳は短茎草本からなるプレーリーを掘り返さなければならない開墾が、馬とラバそして人力だけでは難しかったからです。しかし、ジョン・ディア社の鋼鉄製の鋤（ディスクハロー）の発明、そして内燃機関のトラクターの出現によって状況は大きく変わります。馬とラバに代わって鋼鉄の鋤と鉄の馬（トラクター）が稼働し、制限因子は労働力から資本力へと移行したのです。その結果、多年生イネ科草本植生によって保持されていたハイプレーンズ（北米の大草原）は耕地に変わっていくことになります。そして、土地投機と穀物価格の高騰によって、銀行の貸付が進み新興農民が大量に生まれます。輸出産業として穀物、タバコ、ワタの価格が高水準であったこととインフレによる借金返済から、プレーリーの耕地化はどんどん進みます。そして、農地化の弊害についての全米自然保護会議の報告に始まり、黄塵（ダストボウル）による 4,000 万 ha の農地の破壊、2,000 万 ha の耕作放棄、年間 50 億 t の表土喪失のアセスメントの結果などが公表されます。1934 年、フランクリン・D・ルーズベルト合衆国大統領は公有地への入植を禁止し、米国でのプレーリーへの農地拡大は正式に終了します。'表土を失うことは、国も亡びることになる' と議会で宣言し、荒廃した表土を再生するために芝草の研究開発と普及に大号令をかけます。全米規模で表土を守る芝生産業の始まりです。その中心的役割を担ったのが 1920 年発足の全米ゴルフ協会（USGA）グリーンセクションとUSDA、そして各州大学の農学部や工学部なのです。なぜ USGA がということですが、ニューヨーク州などの東海岸にはすでに英国型のゴルフ場が多数あり、そこでの芝草の応用開発と技術が求められたからだと考えられます（USDA は牧草の研究が中心でした）。そして、国を挙げて気候・風土に適した芝草の探索・研究・開発・商品化が進みます。現在、芝草品種名の頭にティフトン、ペンクロス、ケンタツキー、セントオーガスチンなどが付けられていますが、これは芝草が開発された研究所や試験場の所在地名に由来したものです。そして、表土の芝生化は全米に広がっていくことになります。今日、国土の総面積の1％を芝生が占めるほどの‘芝生の国’と呼ばれ、芝草研究（Turf Science）の世界最大の拠点となり、多くの大学には芝草学専攻科があります(大学運営のゴルフ場もあります)。USDA は市販の芝草品種のすべてを評価する NTEP（全米芝草評価プログラム）を持ち、USGA はゴルフ場の育成に係わる科学技術の開発と普及に力を注いでいます。

さて、米国のゴルフ場造成ブームが起こるのは第2次世界大戦後ですが、造成のパワーは人と馬からブルドーザーとトラクターに代わり、用地となる不毛な土地も腐るほどありました。しかし、その大半は年間の降雨量が少なく、水の確保が芝生維持の大きな制限要素となっていました。USGA は潅水やポンプの動力源なしにグリーンの芝生を維持する試みを十数年にわたって行いますが、成功しませんでした。今日では想像もできませんが、USGA の初期のグリーンの仕様は中・細砂を機械油で固めたオイル・サンド・グリーン（oil sand green）だったのです。後にはおがくず（saw dust）をベースにしたオイル・サンド・グリーンもできますが、風で飛ばない、土壌の流亡もない、雑草も害虫も病気も発生しないことが売り物でした。今日でも、米国やカナダにはこのようなゴルフコースが残っており、オイル・サンド・ゴルフチャンピオン大会が開かれているようです。水の確保については、これまでの風車による揚水や貯水棟、給水馬車そして人力潅水を劇的に変えたのは、タービンスプリンクラーの開発でした。しかし、1950 年頃までグリーンの灌水に用いられることは稀でした。ゴルフ場が立地しているような町から離れた場所には電力サービスがなかったからです。このような中、1954 年にペンシルベニア州立大学によってグリーン用の芝草ベントグラスの品種ペンクロスベントが作出されます。この優れた芝草の出現によって、グリーンの構造が一変します。

サンドグリーンと通称される（以前のオイル・サンド・グリーンとは全く別物です）カリフォルニア大学が開発した構造です。ペンクロスベントの基盤は粒径が規定された細砂とする構造で、USGA 方式またはカリフォルニア大学方式として標準化され普及します。次いでパデュー大学が開発した改訂 USGA 方式と呼ばれる改良型が採用され、日本のグリーンもこの方式を用いています。米国は、このような変遷を経て今日のようなゴルフ場大国になったのです。現在、ゴルフ場の 80％近くはパブリックコースですが、そこで働くグリーンキーパーの平均年収は現在 8 万ドルを超えるそうです（米国ゴルフコース・スーパーインテンデント協会：GCSAA による）。

5．日本のゴルフ場技術外史

英国と米国のゴルフ場技術の変遷を長々と紹介した理由は、両国が表土と芝生植生の再生・育成・維持にどれだけ苦労し時間と資金を費やしてきたかということを知ってほしかったからです。他方、日本では両国とは異なり、芝生と表土の利用管理に関わるすべての技術が歴史的に継承されてきていました。気候が湿潤で農業に不適な山国であったがゆえに、水田を中心に里山を育む草と表土を利用する農業技術、そして草によって土壌を守る土木技術が発達していたのです。日本に進駐した米国陸軍工兵隊は、ミリタリー・ゴルフコースがいとも簡単に完成したことに驚いたはずです。用途に応じた芝生材料、造園土木技術と育成技術、さらには設計家（赤星四郎氏ら）さえも揃っていたからです。ブルドーザーと油圧シャベルさえ供与すればゴルフコースが造成され、後はトラクターとローン・モア（芝刈り機）を提供すれば事足りたというわけです。当初、ゴルフ場に使用された芝草は、フェアウェイにはコウライシバ、ラフにはノシバ、グリーンにはヒメコウライシバが一般的でした。これらは暖地型の日本芝で、規格された切芝（ソッド）として流通しており、張芝によって容易に芝生を造成できたのです。土づくりと播種による芝生づくりに苦労していた米国に比べて、その技術的完成度の高さに感嘆したことでしょう。今日、グリーンの芝草は大半が播種による寒地型の輸入洋芝（C_3のベントグラス）に代わっていますが、北海道や高冷地を除くすべてでフェアウェイとラフは日本芝が用いられています。もちろん、バーミューダグラスやセントオーガスチングラス、寒地型芝草のオーバーシーディングなど、いわゆる西洋芝が用いられているコースはあるにはあります。昨今の気候変動により、寒地型（C_3の芝草品種）芝生の維持が難しくなる傾向にある地域では、日本芝の活用を見直すのもいいかと考えます。

第5章

市民・住民視点からのゴルフ場

1．利用者の視点から

市民・住民にはゴルフをする人としない人、つまりゴルフ場に出入りする人たちとゴルフ場の中には縁のない人たちがいます。両者間でゴルフ場への思いや視線が異なるのは当然ですが、ここではまず、ゴルファーの視点からのゴルフ場を、これまでの変遷も踏まえて見てみたいと思います。

日本のゴルフ場数もゴルフ人口も今世紀に入る頃まで増加を続けてきましたが、ゴルフ場数の方は廃業（放棄やメガソーラーへの転用）による微減が続いています。一方、利用者数／ゴルフ場も一旦は微減したものの、緩やかではありますが現在増加に転じており、2021年の統計では40,640人で、ピーク時の約4分の3までになっています。米国でもゴルフ場数の微減とラウンド数の増加というよく似た状況が生じていますが、これは需要と供給のリバランスという捉え方もされています。

利用者がゴルフ場に求める要素は、一般的にはアクセスの良さ、コースの整備・景観の良さ、リーズナブルなプレー費、食事その他のサービスの良さ、クラブハウス・風呂などの設備の良さといったところでしょう。過去の高度成長期〜最盛期のゴルフ場は高い会員権を取得した法人や個人によって支えられ、贅沢な遊びという意識を伴う一部の特権的階級の需要にこたえる存在で、ゴルファーの評価や期待は、著者が記憶している限りプレーに付帯する設備やサービスに偏っていたように思います。予約に苦労し高いプレー費を払って社交の場を獲得したと思う人々にとって当然だったのかもしれませんが。

ゴルフがインターネットで簡単に予約でき、老若男女誰でも気軽に楽しめるようになった昨今、利用者の評価のポイントは、納得のいくプレー費と景観やレイアウトを含むコース自体の良さといったところではないでしょうか。「コースのメンテナンスはしっかりやるが運営サイドのシンプル化によって経費を節減し、それをプレー費低減に還元させて経営が飛躍的に上向いた」という事例がゴルフ雑誌に紹介されていました。経営者もいろいろ対処されているようですが、この事例が特別なようでは、まだまだ工夫の余地がありそうです。

芝生上で行われる様々なスポーツの中で、野球やサッカーなど大半が芝生をグラウンドとして使用し閉鎖系の中で実施されるのに対し、ゴルフは違います。芝生はプレーヤーが挑戦する相手として存在し、解放系の自然植生の中に連続性をもって配置されています。したがって、利用者はこのような恵まれた場所を、もっと満喫してもよいのではないでしょうか(ボールの行方とスコアが気になって、そんな余裕がないと言われるかもしれませんが)。いずれにしろ、ゴルフ場の自然に目を向けるかどうかは、ゴルファー側の努力というより、むしろゴルフ場側の情報発信の如何にかかっていると思われます。インターネット上の各ゴルフ場サイトには、コースは丁寧に紹介し景観もアピールしているものが多いですが、そこに自然としての価値や特徴の情報はあまり提供されていません。しかし、これらがサイト上や場内ポスターなどで紹介され手軽に見られたり、自然やコースに詳しいグリーンキーパーとの会話が気軽にできるようになることで、関心を共有できるゴルファーが育っていくことは、ゴルフ場の将来にとって大変重要なことと思います。

ゴルフ人口は微増しているとは言うものの、年代層（男性）で見ると最も多いのは、30年前は40代であったのが次第に上昇し、2017年の調査ではついに60～70代になり、70歳以上が全入場者の2割を占めるに至っています。高齢者がゴルフを楽しむこと自体はもちろん良いことですが、若い世代にとってゴルフが身近で魅力的な存在にしていくことは不可欠です。ゴルフ場敷地の自然環境的ポテンシャルを考えれば、その余地は十分あると思われます。家族で‘ゴルフ場’を楽しむというようなときが来る工夫が期待されます。

2．地域住民から見たゴルフ場

大半のゴルフ場は中山間地の丘陵地帯に造られており、ゴルフ場残置林と連続する山林および道路網によって、地域の耕作地や市街地とつながっています。つまり、里山の構成要素として存在しているのです。まさに、地域にとって大きな環境構成要素なのですが、この事実はゴルフ場関係者にも地域住民にも忘れられがちです。それ以上に、ゴルフ場の急速な造成やそれが一部の人々への社交の場であった頃の住民のマイナスイメージは、未だに完全に払しょくされたとは言えません。里山の自然を改変する、農薬・肥料を流出させる（実際には水田からの流出の方が比較にならないほど多かったのですが）などの被害意識と、当時の社会の受け取り方は必ずしも好意的ではありませんでした。さらに、緑地としての社会資産としてではなく、会員権が高価で売買できる金融資産として注目され、地方行政も固定資産税やゴルフ場利用税収入、地域の雇用と物品需要などの魅力からそれを良しとしてきたのです。しかし、ゴルフ場の存在は、地域社会ひいては住民にとって次の点から非常に重要です。

第一点は、言うまでもなく芝生が4割程度、林地（残置林）が6割程度を占めるゴルフ場緑地が、地域の重要な環境資産だということです。芝生は景観的にも美しいですが、最も評価できる機能は、被覆による地表面流水の発生抑制と根群による土壌保全・流亡防止効果です。また、林地部分は、ゴルフ場であり続ける限り、外部からの様々な攪乱や負荷を逃れ生態系としての維持が担保されています。ここがゴルフ場でなくなったらどうなるのかに関して、すでに認めたくないような事態が起こっています。2016年現在で264件のゴルフ場が廃業していますが、そのうち半数強の136件がメガソーラーに転用されています（以上、2021年までの予定も含む)。緑の景観の深刻な棄損はもちろん、メガソーラー敷地には土壌保全効果も多様な動植物も存在しません。また、廃業ゴルフ場跡地には雑草木が生えるでしょうが、これは周囲への被害の元凶になっても緑地の代替にはなりません。ゴルフ場であった間グリーンキーパーに管理されていた芝地や林地とは似て非なるものです。

第二点目は、ゴルフ場がその地域の財政に直接貢献してきたということです。これはゴルフ場の自主的な行動に由来するものではなく国の制度に則ったことで、ゴルフ場が所属する地域では固定資産税だけでなく、ゴルフ場利用税収入が住民サービスに役立っているのです。総務省は「ゴルフの利用料金は他のスポーツ施設の利用料金と比較して一般に高額であり、その利用者の支出行為には、十分な担税力が認められていることに着目して」という理由で税金を徴収しています。発端は1954年に創設された「娯楽施設利用税」ですが、1988年の消費税創設の折に遊興・娯楽施設として課税対象であったダンス場、パチンコ、玉突き、マージャン、ボウリングなどについてはすべて廃止されたのにもかかわらず、ゴルフ場だけには「ゴルフ場利用税」と名を変えて存続することになったのです。そもそも消費税との二重課税であり、今日のゴルフ場利用者を高額所得者のように位置づける総務省の徴税理由も現実に即していません。したがって、廃止が叫ばれて久しいですが、プレーヤーは未だに標準税率で800円／1人・

１日ほど支払っており、その10分の７が地元の市町村に配布されています。住民のどれほどの人がこれをご存じか定かではありませんが、行政としてはきちんと公表しておくべき事柄でしょう。

以上のように、ゴルフ場と地域社会とは密接な連携の中にあり、これがなくなることは地域住民にもネガティブな影響を及ぼすのは明白です。一部のゴルフ場ではイベントに場所を提供したり、グリーンキーパーが校庭芝生や公園の維持管理を指導したりして地域との交流を図っていますが、さらに視野を広げた地域ぐるみの取り組みによる、ゴルフ場やグリーンキーパーの存在価値が十分に活かされた関係づくりが重要と考えます。ゴルフ場利用税の一部をもってゴルフ場振興への協力を進める市町村も増えているということであり、協働してゴルフ場利用の活性化と地域植生管理のレベルの向上を図る段階に来ているように思います。

３．外国人の目に映る日本のゴルフ場

最初にお断りしておきますが、外国人ゴルファーを対象に日本のゴルフ場の印象についてアンケートを取ったわけではありません。ビジネス、学会、講演会などで来日した人たち、そして職場の外国籍仲間や関係者たちと、一緒にゴルフを楽しむ機会を持ったときやたまたま食事に立ち寄ったレストランから見えるゴルフ場景観の印象をまとめたものです。彼ら（残念ながら男性だけです）は一様に、表現はいろいろですが「美しい」と言うのです。

私たちは日本庭園やサクラ、紅葉などを美しいと表現することがあっても、ゴルフ場を美しいなどと感嘆することはまずありません。一方、彼らを日本庭園・名所や水田が広がる農村地帯に案内しても反応は期待するほど大きくありません。どうも日本人の自然観と彼らの自然観に違いがあるようですが、よく聞いてみると、広大な森林と芝地がマッチした自然の庭

園のようだと言うのです。確かに遠山と樹林を借景にした芝生庭園と言えますが、欧米のゴルフ場の多くが平坦で遠くを見通せないのに比べて、日本のゴルフ場は遠景を取り込んだ壮大な自然景観を目の当たりにすることができるのです。著者の経験に、かつて、大半が外国人（20人ほど）の集まりで、高層階のホテルレストランに寄ったときのことです。その下に広がるゴルフ場を目にして、ほぼ全員が「こんな美しい所でゴルフをしたい」と声を挙げました。もう一つは、全米ゴルフ協会の科学者を招聘したときのことですが、案内したゴルフ場のグリーンには何の関心も持たれませんでしたが、地形に合わせたコースや日本芝、何よりも樹林が主体のコースを高く評価されました。生態系確保に苦労されている米国ゴルフ場の指導者として、この樹林の広がりはよほど羨ましかったと思われます。

4．農薬汚染の場という偏見について

かつてのような偏見は少なくなったものの、インターネット上には未だゴルフ場が大量の農薬をばらまくもの（どこの誰が何の目的でこんな情報を発信するのか理解に苦しみますが）と信じ、まるで公害発生場所のように危惧する書き込みもあるのが現実です。これがなぜ誤解と言えるのかの説明は、この問題が社会に現れた経緯から始めると分かりやすいでしょう。その前に「農薬とは何か」について読者と認識を共有する必要がありますが、これについてはBOX1－6を参照してください。

ゴルフ場で使用される農薬は基本的に殺虫剤、殺菌剤、除草剤であり、使用対象の場はほとんどが芝地部分です。通常殺菌剤は、パッティンググリーンをはじめ、フェアウェイやティーイングエリアの病害を見て散布されます。殺虫剤は害虫の発生があれば局所的に使用されるのが一般的です。一方、除草剤は、芝地の最も広範囲を占めているフェアウェイに対して、通常、夏雑草と冬雑草の発生・生育を防止するために、春期と秋期の

年間２回の散布が行われています。これを実施しなければ早晩芝生は衰退しコースは雑草だらけになって、ゴルファーがプレーできる状態ではなくなるからです。

BOX 1－6

「農薬」って何？

日本における「農薬」の概念と使用は、進駐した米国陸軍の防疫体制によってもたらされた有害生物を殺傷できる化学薬剤に起源します。この化学薬剤は、対象とする有害生物類をペスト（Pest）と呼ぶことから、ペスティサイド（Pesticide）と総称され、殺傷対象とするペスト名の後にサイド（殺滅）を付けて表します。害虫を対象としたものはInsecticide（殺虫剤）、ネズミならRodenticide（殺鼠剤）、病原菌はFungicide（殺菌剤）、雑草はHerbicide（殺草剤・除草剤）と呼んでいます。

戦後混乱期の日本が、米国陸軍の防疫体制によって伝染病の蔓延を免れたのは周知の事実です（目的が駐留兵士とその家族を守るためであったとしても）。このとき日本人は、チフスやマラリアなどの蔓延防止にまずネズミ、ノミ、シラミ、蚊、ハエなどの病原体キャリアーの繁殖地・生息地となる雑草地を整備し、最後に殺虫剤・殺菌剤の使用という順序を学んだはずでした。実際、戦後になって滋賀県民がマラリアから解放された際の駐留軍の指導は、琵琶湖中にDDT（殺虫剤）をばらまくのではなく、蚊の生息地となる雑草地の徹底した管理でした。しかし、初めて接した化学薬剤の驚異的な威力に目を奪われた日本人は、これが目的達成の一手段であることを忘れ、万能と勘違いをしてしまったようです。そして、国も、「国民の生命・財産・生活を侵害する生物（Biohazard）の排除」という本来の大きな目的（責務）を、単に化学薬剤の弊害（Chemical hazard）を取り締まる一手段に矮小化してしまいました。米国では、現在もペスティサイドはFIFRA（Federal Insecticide, Fungicide, Rodenticide Act）のもとに環境保護庁（EPA）が一元的に管理しています。農業ペストの管理は米国農務省（USDA）の最重要業務ですが、ここでは農業用薬剤の管理は行われていません。EUについても同様です。欧米では通常ペストの管理とペスティサイドの管理は別部署の仕事です。

現在の日本では薬品の許認可・登録制度は、対象とする場面と用途によって区分されています。医薬品、医薬部外品、農業用薬品、動物用薬品、産業用薬品などです。農薬とは、農業用薬品の登録制度である農薬取締法で使われている用語です。医師の診断と処方が必要な医薬や獣医薬と異なり、農薬は基本的に誰にでも購入・使用が可能です。したがって、この法律はもともと一般農家に農薬の品質と有効性を保証するもので、製造者に要求されるデータが多岐にわたり登録までのハードルを極めて高くしています。そのためゴルフ場用薬品として単独での商品化は無理で開発されることはまずあり得ず、本命の対象作物に芝生も加えるのが一般的です（剤型と商品名は変えることもあります）。米国でもゴルフ場用や芝生用としてEPAの登録は取らず、全米雑草学会やUSGA（全米ゴルフ協会）が、Turf & Ornamentals（芝生や非食用園芸植物）などマイナーな農薬使用を積極的に認定し推薦する方式をとっています。

さて、少し過去にさかのぼると、最初にゴルフ場で使用された除草剤はシマジンであり、使いやすさと費用対効果の高さから、ゴルフ場急増期の1970年代に広く汎用されるようになりました。そして、1980年代後半になり本剤の外部水系での検出が明らかになり、水質汚染として問題視されることになったのです。ただ、ここで注目してほしいのは、この少し前から水田からの農薬の流出に社会の目が向けられ始めたという事実です。当時の水田総面積は290万haほどでゴルフ場の総面積とは桁違いに大きく、しかも水田は外部水系と直接つながっています。そこで、農水省を中心に河川やその流入水系における水田除草剤の検出量の測定が多数行われました。しかし、調査結果はすぐにほとんど外部公開されず、雑草学者である著者でさえ近づくことが難しかったのです。それもゴルフ場からの流出とされるシマジンのデータには簡単にアクセスできたのにもかかわらず。結局、日本雑草学会の編集委員会でかなり無理をお願いして公表してもらった山田忠男氏（1985）の記事によれば、当時の水田主要除草剤であるベンチオカーブ他数剤の河川水中濃度は、処理直後には数百〜数十 ppb になり、その後減少していく結果が示されていました。他方、ゴルフ場が集中する兵庫県南部丘陵地周辺に位置する 3 河川の約 10 か所における 1990 年の水質調査では、シマジンの検出濃度は 1 〜 0.005 ppb 以下でした。しかし、このときの水田除草剤の水質汚染問題は、ゴルフ場由来とされる汚染騒ぎの陰で何となく影を潜めてしまいました。ここまで書けば、ゴルフ場が環境汚染源と騒がれた背景に何があったか、読者にもお分かり頂けると思います。

シマジンが使用制限されるに伴って 1990 年代には種々の特徴ある土壌処理剤（雑草が発生するのを抑える）の利用が進み、次第に茎葉処理剤（生育初期〜生育期の雑草に有効で土壌残効性が小さい）のアシュラムやスルホニルウレア系剤（SU 剤）の混用や併用に移ってきています。なお、環境省による全国ゴルフ場排水口からの水質検査は毎年継続されていますが、2003 〜 2021 年まで 18 年間の水濁指針値超過検体はゼロです。調査数は 2021 年では 47 都道府県 1,539 か所のゴルフ場、200 農薬、38,964 検体です。

第 2 部

ゴルフ場の緑地機能とその地域的役割

第 6 章

日本のゴルフ場緑地の構造

1. ゴルフ場施設の規模と構成

ゴルフ場施設は、プレー空間である芝地とそれに付帯する植栽および非プレー空間である樹林や藪、ため池や貯水池、湿地や沼沢、谷川や渓流、岩場や岩盤、切土面や急傾斜面などで構成されています。このうち緑地（植生地）は、芝地が主体となっているコースと残置森林と呼ばれる樹林の植生部分であり、施設の総面積に占める植生の割合（緑被率）は森林やスキー場と同様におおむね 95％以上で非常に高いと言えます。ゴルフ場の規模は立地や地形による制限、保存区や規制地区などの有無に大きく影響されます。そして、このことが緑地の総面積、ホール数、芝地／樹林地比率などを決めることになります。

「ザ・グリーンキーパー（2008 年度）版」によると、最も多い 18 ホールのゴルフ場の緑地総面積は平均 100 ha（n＝295）で、平均芝地面積は 42.6 ha、27 ホールでは総面積 128 ha、芝地 62.6 ha（n＝85）、36 ホールでは総面積 172 ha、芝地 82.9 ha（n＝47）、45 ～ 54 ホールでは、総面積 237 ha、芝地 131.6 ha（n＝ 6 ）の規模となっています（縣 2008）。なお、現在、日本最大のゴルフ場面積を誇るのは、72 ホール、376 ha の苫小牧ゴルフリゾート 72 だそうです。ちなみに、全米 1,600 ゴルフ場の平均面積は 55 ha、芝地はその 30 ～ 60％（16.5 ～ 33 ha）であり、日本のゴルフ場に比べると意外とコンパクトなのです。それは、ゴルフ場がさら地に標準的なレイアウトによって造られることが多いからです。このように日本のゴルフ場緑地規模は意外と大きく、しかも中山間地域だけではなく中・小都市域はもとより大都市圏にまで散在し、周辺地域と道路網によってつながっているのが特徴です。そして、一般道を経てゴルフ場の正門に至るまで舗装道路が整備されています。

では、ゴルフ場敷地内はどのような基本構造になっているのでしょうか。敷地内に入ると、クラブハウスまでの動線には並木や植込み、あるいは花卉・花木類が植栽され、クラブハウス、駐車場に至ります。クラブハウスの周囲は、庭園、花壇、植込み、生垣、中・高木等が配置されているのが普通です。コースまでのカート道も芝生や樹木類が整備されています。そして、コース内にはコースをつなぐカート道や歩道が設置されています。ゴルフコースの構造は、ティーインググラウンドからグリーンのホールまでの芝生部分（スルー・ザ・グリーン）、バンカー、盛土や切土面などの土工部分、そしてシンボル樹・ヤーデージ木、遮蔽や防風樹、観賞木などで成り立っています。ざっと見ても日本のゴルフコースは造園的にかなり高度に整備されている緑地施設と言うことができます。お金がかかっているということです。また、ハザードやOB（アウト・オブ・バーンズ）として谷川、湧水地、湿地、沼沢、ため池などが散在し、その周囲を残置林が占めるというのが一般的です。そして、あまり目につくことがありませんが、緑地管理を担う重要な施設として管理棟、資材倉庫、管理機械車庫、目土置き場、ナセリー（芝養生圃）などがあります。

2．ゴルフ場芝地の構造

ゴルフ場施設内の植生は、林野庁の区分によると林地（森林）と原野（未立木地）ということになり、建築植生域、造成植生域、半自然植生域、自然植生域に区分され、それぞれの構成種や構造が大きく異なります。造成植生域の主体はもちろん芝地で、基本的に４種類のプレー区（ティーイングエリア、フェアウェイ、ラフ、パッティンググリーン）に分けられます（グラビア－6）。これらはプレー上の目的やその状況の維持に合わせて、それぞれに適した芝草の種類、刈り込み頻度・高さならびに、各種の床土構造が採用されています。

パッティンググリーン：コースに占める面積は約２％にすぎませんが、プレーヤーのストロークに占める割合は50%近くになります。このため、良質のプレーイングコンディションを維持できる床構造はよく研究されいくつかの方式が確立しています。現在のグリーンは大半がクリーピングベントグラスで構成され、草高４mm 前後に保たれるよう５～10月はほぼ毎日のように頻繁な刈り込みが行われます（寒冷地は除く）。芝生の床構造は原則グリーン表面のアンジュレーションに平行に掘り下げた基盤上に砂を中心とした床土を置くという方式です。砂の粒径や厚さなどは方式によって違いがありますが、基本的には粗砂・細砂を 30 ～ 45 cm 積み上げた構造になっています。ティーイングエリアの造成もグリーンに準じますが、構造や床土構成などはグリーンほど厳密ではありません。

フェアウェイ：たいていの場合コウシュンシバ（日本芝の一種）で構成され、草高 10 ～ 20 mm で維持されるよう月平均（５～ 10 月） ３～４回の刈り込みが行われています。ここでの大きな問題は地下湧水や浸透水、そして地表面流水の集水部の多さです（欧米にはこの問題はほとんどありません）。通気性が乏しく過湿になりやすい土壌は、芝生の衰退だけでなく雑草や病害の発生を促すことになります。このため、日本のフェアウェイは、灌水設備よりも排水設備の設置に重点が置かれています。また、フェアウェイの表土については、造成時に表土が削り取られたり、盛土などによる不均一で不良な土壌面が多いことから、良質な客土と土壌改良材が施されるのが普通です。

ラフ：フェアウェイに続くサイドラフとのり面ラフがあります。使われる芝草はノシバ（日本芝の中で最も強壮な種）が中心で、フェアウェイに続くサイドラフでは草高５cm前後に保つために月平均２～３回程度の刈り取りが行われます。一般にプレーゾーンののり面ラフは月１～２回程度の刈り込みが行われるのが普通です。芝生造成の最後、グリーン、ティー、フェアウェイ、バンカーなどの荒造形が済んだ後に切土面や残土を利用して造成されます。フェアウェイ近くのラフ（サイドラフ）は、フェアウェイと同様に整備されますが、のり面ラフになる所は、急斜面にかかることが多く上部は林縁部に接しています。このようなプレーゾーン以外のラフは、プレー上の要素というよりも露出面を修復する土木工事に近いものになります。したがって、造成植生には違いありませんが、斜面保全を目的とした自然植生の再生と言えます。

３．ゴルフ場樹林の構造

ゴルフ場緑地の多くは、残置森林と総称される半自然樹林域や自然樹林域を有しています（BOX２－１）。ちなみに、ゴルフ場国内総敷地面積を27万haとすると、樹林はその38％で10.3万haを占めていることになります（ゴルフ場総数421の平均、日本緑化センター調べ）。前章で述べたように、多くの日本のゴルフ場は戦後の熱エネルギー革命によって無用となった農用林に立地しています。この農用林は、マツ類とブナ科の広葉樹がほとんどを占め、燃料山と呼ばれたように薪や木炭、そして松根油などを生産し、私たちの生活を支えていたものです。このことから、ゴルフ場の樹林部分には、戦後に植林されたスギ･ヒノキ林もかなりあるとはいえ、基本的に農用林で栽培されていた樹芸樹種（建築用材でない樹種）が圧倒的に多いのが特徴で、薪炭用の樹種が色濃く反映されています（グラビア

BOX 2－1

残置森林とは

ゴルフ場緑地には残置林と呼ばれる半自然樹林域や自然樹林域があります。正式な用語は「残置森林」といい、現況のまま保全する森林という意味です。山林の乱開発に伴う大気汚染その他の諸公害の発生を防止する対策として緑地を残す規制処置です。原則1haを超える森林を開発する場合は、林地開発許可制度により知事の許可が必要になります。民有林が対象で、現況のまま残す残置森林面積は開発面積のおおむね25％以上、周辺部との距離は30m以上とされています。なお、人工林の場合は「造成森林」といい、残置森林と同様のことが義務化されています。

ここで話が少しそれますが、いつの頃からかははっきりしませんが、山林や林野という用語が森林という用語に変わりました。林野庁の名称はそのままですが、今日、林業基本法は森林法になり、林学は森林科学と呼ばれるようになっています。別に森林という用語が気に入らないわけではありませんが、筆者がイメージする山林樹種と森林樹種とは、はっきり言って一致しません。日本のゴルフ場が山林や林野にできたことは確かですが、森林の開発によってできたなどとは到底思えないからです。

さて、林地開発許可制度によって開発されたゴルフ場の残置森林は、工事完了届受理後に森林法の対象外となります。しかし、ゴルフ場の残置森林は、本来、山地災害の防止、水源の涵養、二酸化炭素の貯留、自然環境の保全など森林機能を発揮することを目的に認可・設置された公益的な働きを持つものです。このことは、生活環境を守ることを名目に住民から徴収されている森林税（呼び方はいろいろです）について、ゴルフ場は交付を受ける立場でもあることを示唆しています。また、ゴルファーから徴収されるゴルフ場利用税も、本来は地域の環境便益を支えるゴルフ場緑地を管理する人材の育成にも当てられるべきものなのです。

－7参照)。なお、タケ類もかつては重要樹芸種（食用・工芸用等）であったことから、竹林の見られるゴルフ場も結構多くあります。

全国のゴルフ場で調査されたところでは、総数523のうち355のゴルフ場（73%）が出現頻度の高い高木として針葉樹を挙げています。次いで89のゴルフ場（18%）が落葉広葉樹、49のゴルフ場（９%）が常緑広葉樹、その他が１%となっています。針葉樹については、出現頻度が圧倒的に高いのがマツ類で、全国のゴルフ場樹林の（北海道は除く）の優占種となっています。マツ類が多い理由は、ゴルフ場の立地が中山間地域に多く、その主な生産物が薪であったことによります。日本のマツ類は大きくアカマツとクロマツに分けられますが、アカマツは燃料用として、クロマツは砂防用として植栽されてきました（庭園については両方が採用されています）。図２−１に示したように、アカマツ（*Pinus densiflora*）は山林に、クロマツ（*Pinus thunbergiana*）は海岸線に、その分布に明確な違いが見られます。主な理由は根系機能（根系分布）の違いによるものですが、とくに日本のアカマツは、松炭（鍛冶業用）、松薪（陶業・塩業用）、松根油（軍事用）など、重要な再生可能エネルギー源として広く活用されていたことが分かります。マツ類に次いで面積的に多い針葉樹は、戦後植栽され

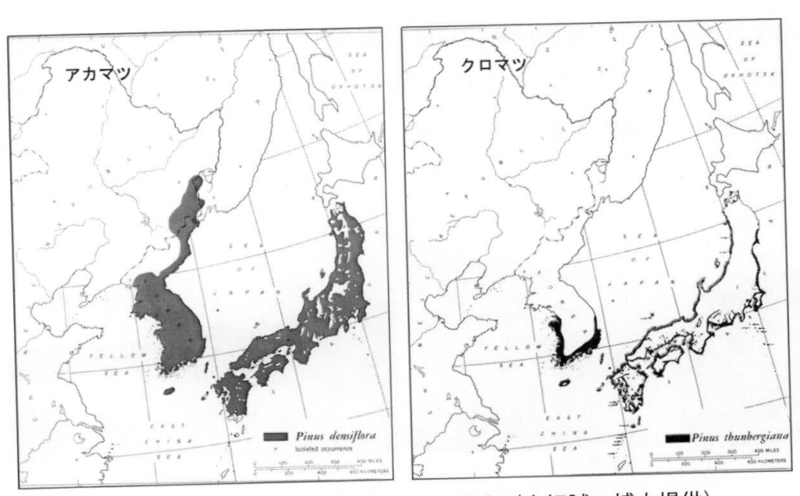

図２−１　東アジアにおけるマツの分布（大畑誠一博士提供）

たスギ・ヒノキですが、その歴史的背景は第1部を参照してください。一方、広葉樹はというと極めて多様ですが、落葉広葉樹では出現頻度の高いのはやはり木炭用のコナラ、クヌギ、ミズナラなどのナラ類と食用のイチョウやクリが中心です。常緑広葉樹はというと、木炭用のカシ類と薬用のクスノキ、食用としてはシイ類が挙げられます。

ちなみに、全国各県が「県の木」を指定していますが、マツ（エゾ・アカ・クロの違いはあります）を指定している道県は8県あり、とくに中四国9県のうち4県という多さです。次に多いのはスギを指定している府県が6県、以下ウメが4県、クスノキが4県、ケヤキが3県、イチョウが3都道府県となっています。なんと47都道府県の6割近くが県木としてこの6樹種を指定しているのです。

4．ゴルフ場のため池と治山構造

ゴルフ場には大小を別にして、ため池と呼ばれる水面が多く見られます（図2－2）。ため池とは、農業用水の確保のために造成された人工池のことで、そのほとんどは江戸時代以前に造られたものです。かつては重要な農業インフラでしたが、今は16万か所と減少傾向にあります。その形態は、谷をせき止めた谷池と地面を掘って造った皿池に分けられますが、現

鳥取県

兵庫県

図2－2　ゴルフ場のため池（例）

在、多少の違いがあっても老朽化、土砂堆積、流入汚水、ヘドロの堆積、外来生物の侵入などが進行しています。このため、生物多様性の確保や生態系の改善の視点から、清掃・補修・再生など地域の対策が求められています。ゴルフ場のため池も土砂堆積が進行し、雑草が繁茂しているケースも多く見られるようになっています。今後の里域の生態系保全のために、ため池の整備は避けて通れない課題です。

最後に、日本のゴルフ場の多くは、水保全と土砂止めのための治山部分、斜面安定のための緑化部分、崩壊・土石流防止のための砂防部分、斜面土塊の滑動抑制のための地滑り防止部分を担っています。これらの気象災害防止機能は、個々のゴルフ場だけにあるわけではありませんが、今日、豪雨災害が多発する中で、地域の治山・治水対策を考える上で再評価することが重要です。

第 7 章

ゴルフ場植生の表土保全機能

1．芝地部分の主要機能

芝地の機能とは、そこを覆っている芝生の機能です。芝生が劣化していたり欠損していたりすると、当然ながら芝地の機能は低下します。しかし、ゴルフ場の芝地ではたいてい芝生がよく管理されているので、平均的に見て公園や商工業・公共施設の付帯芝地に比べて、はるかに高い機能を発揮しています。では、芝生とはどのような表土保全機能を持ち、その機能は芝生のどのような構造や生育特性によって維持されているのでしょうか。

多年生植物である芝草は、分枝を繰り返しながら専有面積を広げていくライゾームと、その節芽から発生し生育と老化・衰退を繰り返す茎葉および細根で構成されています。そして、「芝生」とは、正しくは地上部(茎葉)、地下部（根群）その間のサッチ（老化・崩壊組織＋刈りかす）から形成されているマット状のもの全体を言います（つまり、緑の部分だけではなく地下部まで含んでいるということです）（図２－３）。地表面は、雨滴を直接受けると土壌の孔隙が破壊され、透水性が減退し固化が進みます。表土が固化すると地表面流水を発生させ、さらに進むと水みちができ土壌が流亡します（リル浸食と言う）。そして、リル浸食が進むと、ガリー浸食、いわゆる表層崩壊や土砂流出が発生します。しかし、「芝生」という構造は、1 m^2 当たり 10 万本前後ともいわれる密な茎葉とサッチの雨滴の直接

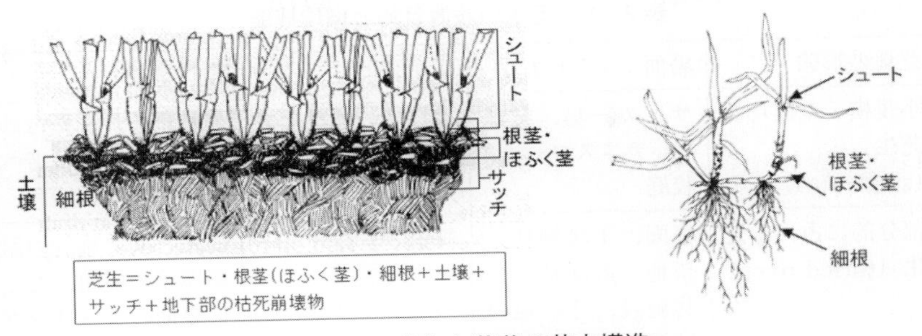

図２－３　芝生と芝草の基本構造

的な衝撃緩衝作用および密に発達した細根による吸収力と保水力によって、これらを完全に防止し表土保全に大きな力を発揮します。このことは、ゴルフ場が、地域において森林や耕地に比べて豪雨から表土を最も保全している土地利用形態であることを示しています。このような表土保全機能を持つ芝生植生の大パッチを樹林の中に最低18か所も有するゴルフ場緑地の存在は、連続する周辺樹林にも影響し、ゴルフ場緑地面積の数倍ともなる面積の保全を担っていることになるのです。

芝生は、今や私たちの生活にとって切っても切れない存在であり、多種多様な目的、場面、形態で利用されています。これらは直接的な利用目的とは別に様々な環境機能を備えています（表２－１）。中でも、昨今多発する豪雨災害を見るにつけ、山間部や丘陵地に位置するゴルフ場芝地植生の機能に注目すべきでしょう。豪雨のたびに見られる茶褐色の濁流、それは人工林、農地、交通インフラの土工部から流出した土壌ですが、原因のほとんどは表土の被覆が適切になされていないことによるものです。くどいようですが、表土全面が芝生で覆われているゴルフ場は、豪雨から地域の表土資源を守る重要な存在なのです。

表2-1　芝生の設置目的と環境機能

芝地の形態	場面	利用目的	環境機能
小規模・全面均質芝生（single turf）	サッカー場、野球場、テニスコート、校庭	競技者の運動障害軽減 競技性の向上	競技場の泥または砂塵の防止、競技者への温熱環境の緩和
部分的に占める芝生（turfed rows）	庭園、工場緑地、墓地、遊園地、公共施設、その他の付帯緑地	修景・景観等	樹木と共に施設の温熱環境の緩和（とくに夏期のクーリング効果）
長い回廊状の芝生（narrow turfed corridors）	河川敷、道路敷、鉄道敷、送電線式、飛行場、防砂林	表土侵食の防止、土砂崩れ防止、雑草管理、景観	表面流水の吸収、掃流物の吸収、生態系への寄与
小集団の芝生（small turfed patch）	都市公園、大学校庭、リゾート施設	憩い・散策・運動・遊戯など健康とレクリエーション機能	温熱環境の緩和、表面流水の発生防止、泥・砂塵の発生防止
	芝生ソッド生産圃場、大型水田畦畔	農業生産	雑草管理 生態系への寄与
大集団の芝生（large turfed patch）	ゴルフ場、スキー場	競技	降雨（雨・雪）の貯留、表土の保全、炭素の貯留、生態系への寄与

2．樹林部分の主要機能

わが国では樹林部分は「森林」と総称され、したがって、その機能も抽象的概念として語られることが公的資料においてさえ普通になっています。しかし、森林は、構成種はもとよりその構造も非常に多岐にわたっています。では、多種類の植栽木と多様な残置森林を有するゴルフ場の樹林植生の機能には、どのような特徴があるのでしょうか。樹木植生の機能は樹種や樹齢や植栽密度などによって異なりますが、まずは基本的な樹林の機能について述べます。健全な樹林とは、「林床に下層植生が密生するか、または落枝落葉の堆積によって地表が覆われており、樹冠から落下する雨滴（林内雨と言う）が地表を直撃しない状態」と定義されます。降雨の粒子は、樹冠から流下する過程で大粒化し、地表に降雨の雨滴よりも大きな衝撃を与えます。芝生と違って樹木自体が雨滴から表面浸食を防止しているわけではないのです。すなわち、斜面においては、樹木が直接表土保全機能を発揮するものでありませんが、樹木の水平根（側根）が表層崩壊（ガリー浸食）への発達抑制に力学的に大きな貢献をしていることは確かです。一般に見られる山林浸食は、尾根から面状浸食、リル浸食、ガリー浸食へと発展します。そして、樹林は、表面浸食により発生する細粒土砂の流下阻止・吸収を行う緩衝林（樹林帯）としての機能が重要と考えられています。しかし、急勾配斜面の樹林帯（森林帯）がどこまで表面浸食に有効なのかを含めて、森林機能の一つとして深く研究されていません。また、表土流亡の激しいヒノキ林やバイオマット化（不定根の堆積）が進むスギ林では、斜面各所に破壊・洗掘され、雨裂の深いガリーの形成が見られるようになっています。このようにゴルフ場樹林は、芝生という完璧な表土保全装置が施された土地を囲む樹林帯だということです。この樹林の構成種が針葉樹であれ広葉樹であれ、落葉樹であれ常緑樹であれ、林床の管理が適切であれば、芝生を伴うこの広大なゴルフ場樹林植生は、豪雨による地域資源の消失（または豪雨災害）を阻止することで地域の重要な表土保全インフラになっていると言えるでしょう。

里地里山の樹林にはもう一つの機能として防災機能があります。山火事や高波・高潮・津波など自然災害を防ぐために管理されてきた入会林が多く見られます。例えば、防火林として管理されていた山林には、耐火力１級とされる、モッコク、モチノキ類、サンゴジュ、マサキ、サカキ、シキミ、ツバキなどが植栽されています。また、海浜には津波、高波、高潮による直接被害や流入（流木など）激突被害を避けるためと防潮堤の保護を目的に、林帯幅を持った一様な防潮林がつくられ、主林木としてクロマツやイブキなどが植栽されていました。この伝統的な山林や海岸林の中には、ゴルフ場の残置林として残っている所もあります。したがって、ゴルフ場でも継承されてきたこの防災文化をしっかり意識して管理することは大切なことです。

3．林内ラフの機能

ここまでは芝生植生機能と樹林植生機能を別個に述べてきましたが、芝生と樹林（木）からなる植生について補足します。一般的にゴルフ場の残置林の下草を芝生にすることはありませんが、林内ラフと通称される開放された樹林と芝生からなる部分があります。芝生が樹林の機能を高めたり、樹林が芝生機能を強化したりすることは基本的にありませんが、互いの弱点を補完しあうことは確かです。芝生根系と樹木根系の組み合わせが生み出す特性に傾斜地の「表層崩壊防止」の効果があります。まず、斜面上に生育する芝生の根系は、重力方向から谷側に向かって下方伸長し、斜面勾配が変わっても斜面の上方や奥方向にはほとんど伸長しません。つまり、傾斜面の芝生は、斜面が急になるほど根系層が薄くなり土層を固定する機能が低下するのが特徴です。このことは、芝生には高い「表面浸食防止」効果がありますが、表層崩壊防止には効果が低いことを意味しています。一方、樹木の根系は、芝生とまったく違った形態を示します。樹木根系は斜面の勾配によって形が変わり、斜面が急になるほど山側に根系を伸長させる広葉樹類と反対に谷川に根系を発達させる針葉樹類があり、前者を「引っ張り材」、後者を「当て材」と呼んでいます。つまり、斜面の傾斜に相応して根系形態を変えバランスをとっているのです。樹木根系自身は表面浸食の防止に効果がありませんが、風化土壌層に伸長し土壌を緊縛・固定するのに役立ちます。さらに樹木根系は、周囲の他の木の根系との絡み合いや癒合によって生じる「ネット効果」があり、樹木根系の引き抜き抵抗力も高いことからも、表層崩壊防止効果の高いことが分かります(スギ・ヒノキ林は当てはまりません)。このように芝生と樹木で構成されるゴルフ場緑地には、豪雨による斜面の表面浸食から表層崩壊への進行を防止するという極めて優れた機能が認められるのです。

4．ゴルフ場湿地の機能

「湿地」とは、「特に水鳥の生息地として国際的に重要な湿地に関する条約」とされるラムサール条約の条約湿地登録基準によると、川の始まりから海の浅い所まで、山地水域から湿原、湖沼、河川、人工水系を含み、干潟、マングローブ林、サンゴ礁、藻場などの沿岸域まで、水のある所、水と命の出会う場の総称とされています。今日の日本では、河川、湖沼、湿原、ため池などの「水辺」を多様な生物の生息・生育環境とし、エコロジカルネットワークの軸として重要と位置づけ、水辺を連続させ、流域全体の生態系を保全・再生することを求めています。だとすると、日本は世界に例がないほどの種類と数の水辺が存在する国です。当然、日本のゴルフ場もまた、人工池が多い米国などのゴルフ場と異なり、多種多様な水辺を引き継いでいます。とくに中山間地のゴルフ場を見ると、その大半には、多かれ少なかれ谷川・渓流（林学用語で１次谷、２次谷、３次谷などの谷川)、大小河川、沼沢、湿地、湖沼、池･ため池、用･排水路、水田、ダム･貯水池が含まれています。そのため水資源が豊富で、使用する水は、井戸や池・ため池が中心で、水道水は多くありません。ここで強調したいことは、欧米のゴルフ場が水資源の確保と利用、そして湿地の育成に必死に取り組んでいる反面、日本のゴルフ場は湿地の中に立地していると言ってもよいほど水辺に恵まれていることです（グラビア－8)。しかし、今日進行する高齢化や農業就業人口の減少によって、中山間地域の農業集落で水資源保全活動を行う集落の割合は、用排水路管理で80%を維持しているものの、ため池・湖沼で63%（山間地の保全活動放置割合は50%以上）、水路・河川で60%と減少傾向にあります。水辺の生態系保全と再生が強く求められる中で、地域の湿地・水辺をどのように保全・活かしていくかは、ゴルフ場湿地の関わり方に大きく期待されるところです。

第 8 章

ゴルフ場緑地を構成要素とする里山樹林

1. 里山樹林の変遷

まず、ゴルフ場が列島に広がる前の里山の樹林とはどのようなものであったのか、その経緯をざっとたどってみることにします。近代になって発行された全国土地反別記録（大日本山林会報告第 17 号）によると、山林（森林）約 1,670 万 ha、原野（山野）1,360 万 ha となっています。この時代、国土の 3 分の 1 以上、山野の半分近くが原野だったようです。今では想像もできませんが、列島の山々は樹林と草地がモザイク状に広がっていたと思われます。これらの林野は、生活必需品の生産をはじめ家畜の放牧や飼料生産を目的に、集落で共同管理されていたという事実です。そして、地域によって様々な有用植物が管理・利用されていたことから、生態系にもまた地域によって特色が見られたに違いありません。今や見ることもない国蝶のオオムラサキの例を見ても、かつては幼虫が育つエノキ（葉）と成虫が餌とするクヌギ（樹液）の林が身近に広がり、その飛翔を見かけるのは稀ではありませんでした。しかし、このような林野を一変させたのが戦後の私たちの生活習慣の変化なのです。薪や木炭の熱エネルギー源はガスと電気と灯油に、建築用材は鉄、コンクリート、輸入外材に、生活用品はプラスチックに、牛馬の利用は内燃機関に、肥料は合成化学肥料に、そして家畜飼料までも輸入飼料へと変わったことで、里山資源の利用価値をほぼ失わせてしまいました。そして現在の林野植生はというと、自然更新に任せた山林が1,343万ha、スギ・ヒノキなど針葉樹の人工林が1,029万ha、無立木地（原野など）が120万haとなっています（国土地理院 2010）。今日の山林は自然更新とは聞こえがいいですがほぼほったらかしで、人工林も伝統的商業林を除いて大半が無施業林なのです。この樹林と自然環境の変化がゴルフ場とどのような関係があるのかと疑問に思われるかもしれませんが、現在のゴルフ場残置森林には、地域の経済と文化を支えてきた歴史遺産と言える樹林が多かれ少なかれ温存されている可能性が高いのです。日本のゴルフ場には、歴史的に見て日本人の衣・食・住を支えた文化遺産と呼べる樹林が残されていると言えば大げさでしょうか。次に、この里山樹林と戦後に植林された人工林（造成森林と呼ばれる）について紹介します。

2．里山の経済・文化を支えた山林樹種

里山の生産物には、山野草、キノコ類、野生鳥獣などが含まれますが、なんといってもすごいのが多様な木本性植物（有用樹木）とその生産物です。現在、日本で見られる樹木種は、果樹や茶などの管理栽培樹木を含めると224属400種以上を数えますが、そのうち列島の自生種と思われる数は100～200種程度もあり、樹木の種類に極めて恵まれた国と言えます。今日の山林には自然の純林や原生林と呼べるものはありませんが、かつて活用され日本特有の伝統的生活文化を育んできた樹種が全国各地に遺存しています。これらの樹種は、地域特有の変種や栽培種などを含め多岐にわたり、その生産物も極めてバラエティーに富んでいます。生きた文化財とも言える樹木の保全と継承について、ゴルフ場は何ができるのか考える機会にしたいと思います。以下、参考のため利用別に主な樹種を挙げておきます。

1）食用として利用された主な樹木：果実（カキ・ウメ・アンズ）、ナッツ（クリ・クルミ・トチノキ・カシ・ナラ・クヌギ・カシワ・シイの類・ハシバミ類・カヤ）、特産果実（アケビ・イチョウ・グミ・クワ・サンザシ・ヤマモモ・ヤマブドウ）、根茎・新芽（タケ類・タラノキなど）、キノコ生産（クヌギなど榾木）、特用・酒肴品（サンショウ・ツバキ・クチナシ）
2）燃料用として利用された主な樹木：薪・木炭（アカマツ・クヌギ・ナラ類・カシ類・トネリコ・シナノキ・ハンノキ・ハシバミ・クリなど）
3）工芸や繊維材料として利用された樹木：工芸（ウルシ・ミツマタ・コウゾ・キリ・タケ類・クワ・フジ・ヤマギ・ツゲ・クリ・サクラ・ナンキンハゼ・コウリヤナギ）、繊維（カジノキ・コウゾ・ヤマグワなど）
4）灯用材料として利用された主な樹木：マッチの軸（ヤマナラシ・ドロノキ・シナノキ・サワグルミ）、松明など明かり（マツ・タケ・カバノキ・ブナ・イヌブナ・スギ・トウヒ・アブラチャン・ウダイカンバ）、燈油用（ハシバミ・イヌザンショウ・ツバキ・イヌガヤ・クルミ・キリ・サザンカ・シロモジ・アブラチャン・ダンコウバイ・ナギ・ブナ・エゴノキ）、燈心用（ガクウツギ・ヤマアジサイ・ノリウツギ・キブシ・ハナイカダ・ムラサキシキブ・ヤマブキ・ニワトコ）、蝋燭用（ウルシ・ヤマウルシ・ヌルデ・ハゼノキ・ナンキンハゼ・ヤブニッケイ・シロダモ・タブノキ・ハマビワ・イボタ・ハクウンボク）
5）肥料として利用された樹木：ハギ・アセビ・ツツジ・ネジキ・マツ類・クワ・ヤナギ・ニレ・ハゼノキ・エノキ・ムクゲ・フジ
6）薬用として利用された樹木：シャクナゲ・アオキ・サンシュユ・キ

ズタ・ザクロ・ツバキ・マタタビ・アオギリ・ケンポナシ・ナツメ・センダン・イヌザンショウ・キンカン・コクサギ・エンジュ・サイカチ・ハギ・アジサイ・ウツギ・ゲッケイジュ・ツヅラフジ・アケビ・イチジク・シラカンバ・ヤマモモ・アカマツ・シュロ・コノテガシワ・スギ・カヤ・イチイ・イチョウ・ソテツ・スイカズラ・ゴシュユ・アケビ・ムクゲ・ニワヤナギ・テウチグルミ・キハダ・ビワ・レンギョウ・トウネズミモチ・クチナシ・チャ・ニワトコ・ニガキ・サンザシ・サンショウ・ボタン・シャクヤク・アンズ・トネリコ

7）その他の利用された樹木：バット・クラブヘッド・スティックなどスポーツ用具（アオダモ・カキ）、楽器（イタヤカエデ・イスノキ）、緑化・治山用（ヤシャブシ・ヤマハンノキ・ニセアカシヤ・シンジュ・ギンネムなど）、枕木、建築、建具・家具・内装材、器具・道具、遊具、土木用資材（樹種名は省略しますが、建築用の日本産材は、針葉樹 19 種、広葉樹 39 種程度です。その他の用具類に使われる樹種は 50 種を超えます）

このように樹木の用途と種類を挙げた訳は、里山のイメージがともすれば自然遺産のように受け取られる傾向があるからです。里山の樹林は、千枚田（棚田）のように景観的に目立つことがないので、文化的資産として注目を集めにくいものの、耕地の少ない山間地域において、地場産業として山林農業または林業前作農業（焼畑）を可能にしたのは、この樹木類なのです。話は違いますが、著者世代の農学部林学科の学生は、実習で最低 300 種の樹木を覚えさせられました。生態学や分類学の側面はなく実用樹木学そのものでした。

3．里山のスギ・ヒノキ林を考える

現在の里山樹林では、多くの部分が先に紹介したような伝統的混交林からスギ・ヒノキなど針葉樹の人工純林に置き換わっています。この人工林の急速な増加を招いたのは、戦後復興の観点から建築用材の需要を見込んだ拡大造林政策です。生長も早く2～3年の下刈り（除草作業）で管理が容易なことからスギ・ヒノキ・カラマツなどの針葉樹が選ばれました。1950年頃から苗木生産養成事業が積極的に進められ、苗木の年間出荷量（山行用の苗木）が13億本超えるほどになります。これによって、年間30万～40万haの植林が可能となり、公共投資として植えまくることになります。しかし、これらが生長してどのような樹林になるのかはまったく考慮されていませんでした。これまでの日本には欧米のプランテーション型の植林と育成技術の歴史はなかったのです。植えたらおしまいの公共事業の典型です。

針葉樹には、マツ属やトウヒ属など多型属と呼ばれる種と、スギ属とヒノキ属など単型属と呼ばれる種があります。前者は世界にそれぞれ100種以上が現存し広く分布していることから広域分布種と表現し、後者は1属1種か2種しか現存せず遺存分布種または隔離分布種と表現されています。この遺存分布種に特有の性質が、残念なことに里山生態系を好ましくない方向に変貌させているのです。花粉症の問題ではありません。スギ・ヒノキは樹冠下の表土を酸性化することや撥水性（水をはじく）化させる性質があります。この性質は成木周囲の表土pHを、スギでは大体4.0 ± 0.2ヒノキでは大体3.8 ± 0.1に変えるほど強いものであり、粘土鉱物の崩壊につながります。つまり、土壌が土壌ではなくなるということです。当然、樹冠下の表土から植生を育む力と保水力を奪うことになります。なぜ、このようなことが起こるのでしょうか。それは、「樹幹流」という現象によります。樹木は樹冠が受けた降雨や霧などの水分を、河川の流路系のように枝梢から枝を経由して主幹に集め、基部土壌に流し込んでいます。樹幹流には降下の過程で内樹皮や外樹皮とその付着物などから溶出する物質、そしてイオン交換などを経て生じる様々な物質が含まれています。この過程で、降雨のpHとは関係なく、スギ・ヒノキの樹幹流pHは酸性化されていきます。このようにして生じるスギ・ヒノキ林の表土の強酸化は、林床植物の衰退、表土流亡、そして豪雨や台風のたびに発生する倒木と流木、そして土砂流出を引き起こす原因になっているのです（図2－4）。もちろん、ゴルフ場には手入れの行き届いたスギが鬱蒼と茂る中のコースもあり、これもまた世界に類のない日本のゴルフ場の特徴と言えますが。

京都府鞍馬
2020年7月豪雨による

宮崎県鰐塚山2005 台風14号被害
国土技術政策研究所ホームページより

図2－4　豪雨によるスギ林斜面の土砂崩壊

4．管理放棄が進む里山樹林

そもそも里山の森を支えてきたのは、中山間地域の「集落機能」と「集落内活動」です。「集落機能」とは、農業生産、地域資源の維持・活用、冠婚葬祭などの活動を集落の住民が相互扶助で行うことを言います。農業集落が行うその地の保全・管理活動は、用排水路、ため池・湖沼、河川・

水路、農地、森林に及びますが、用排水路については全国農業集落の約80％が行っているのに対して、農地では約50％台、森林では約30％を切っているのです。言い換えれば、中山間地域の農地の約半分、森林に至っては約70％が放置されていることになります。この保全管理放棄は、とくに政府の減反補助制度廃止以降に急速に進みます。放棄が進むと何が起こるのか、それは野生鳥獣の拡散とそれによる被害の発生です。

野生鳥獣によって被る害は、農作物への害をはじめ家畜感染症や人獣感染症に及びますが、その主な原因は加害動物や病原のリザーバーやキャリアーとなる鳥獣の冬期生存率が高いこと、とくに幼獣の越冬死亡率が低いことにあります。野生鳥獣と昨今の里山の状況との関係は後の節で述べますが、要は、年間を通して安定した餌場と生息場所があることによって個体数が増え生活圏への侵入、そして人と接触する機会が多くなったということです。山林、道路・鉄道・河川等のインフラ、耕作放棄農地に広く繁茂する雑草木、水田の‘ひこばえ’、圃場の農産物残渣の放置など管理の粗放化や放棄が、この状況を引き起こしています。

私たちは、鳥獣と利害が衝突すると、個別に「防御」するか「駆除」しようとします。電柵や防止網などで境界を設ける対策や殺処理などのやり方です。しかし、このような対症療法的手段では、隣接町村の鳥獣害を増加させるだけでなく、むしろ囲んだ内部を鳥獣の天国（犬や人が入らないことで）にしかねません。鳥獣害対策の根本は、「増やさない」、つまり生息場所や餌がない環境にすることに尽きます。そのためには、ゴルフ場樹林を含む地域の里山の森全体の現状を動的に把握することから始めなければなりません。

5．里山樹林に広がる感染症

ここでは、地域の山林に頻発し樹木を棄損する病虫害を中心に現状を考えます。例えば、日本のマツ枯れ現象（松くい虫）の進行は、マツカレハやマイマイガなどチョウ目の食害ではなく、マツノマダラカミキリ（外来種)が媒介するマツノザイセンチュウによるものとされています。しかし、マツ枯れへの対策は、被害の発生がこの昆虫を捕食する鳥類がいなくなったことによるのか、マツ林の施業放置（枯死木の放置・樹齢の進行・林床管理の放棄など）や更新放棄など人為的なことによって起こっているのかによって異なります。したがって、マツの保全に殺虫剤の散布や殺線虫剤の樹幹注入などが役に立たないとは言いませんが、この病害からマツやマツ林を守るには、地域レベルで発生地帯を特定し、原因を突き止めて対策を打つ取り組みが必要なのです。なお、マツタケ山の衰退についても、気候・環境の変化が原因なのか、単に林床の手入れ不足が招いたものなのか、あるいはその両方かははっきりしていません。

もう一つの事例は、昨今頻発するナラ枯れです。ナラ枯れとはカシノナガキクイムシ（カシナガ）が媒介するナラ菌によってミズナラなどが集団的に枯損することですが、この場合もカシナガを殺虫剤で退治すればナラ枯れ拡散が防止できるというわけではありません。近年、中国地方から東北地方に至って広く蔓延したのは、温暖化、捕食鳥類の減少、あるいは樹齢の進行（利用・更新の停止）などが複合的に関係して起こっていると思われます。いずれにしても、発生の全くない地域、少ない地域、激発の地域のナラ林の生理生態的側面、気候条件、管理状態などを参考に、地域全体で対応することが必要です。

以上、最も厄介な樹林の感染症であるマツ枯れとナラ枯れについて紹介しましたが、ここから樹林の感染症対策に共通のポイントが見えてきます。一つは、病原の媒介昆虫もその捕食者も、樹林の所有者や利用区分に関係なく移動するということです。当たり前ですが。もう一つは、蔓延の原因はそれぞれの場所や集団によって異なっていることも多く、また複合的な要因で起こることも想定されることです。植物病理学や応用昆虫学では対象とする病原菌や害虫自体の行動に焦点を当てがちですが、その知見だけでは対策に限界があるということです。個々の所有者レベルでの対症療法、すなわち個別の殺虫剤や殺線虫剤の処理などは、根本的な対策にならないことも分かります。

地域の生態系は、生物の生息地をグリーンスペース（緑地空間）の質と大きさなどの類似性によって区分できます。緑地に生息する多くの生物は、この緑地空間の間での個体の往来によって集団が存続しているのが普通です。つまり、地域の生態系は個体の移動によって相互に関係し合っている局所個体群の集まりなのです。したがって、繰り返しになりますが、樹林の感染症問題は、個々のゴルフ場・山林所有者（国、地方公共団体も含む）レベルで対応できる事象ではなく、地域問題として共同で取り組む以外に解決方法はありません。次に紹介する野生動物害についても全く同じです。

6．里山樹林に潜む厄介な野生動物たち

2018年度の野生鳥獣による日本全土の農作物被害は、総額で年間約160億円近くになると報告されています。まずは鳥害ですが、圧倒的に大きいのはカラス類による被害で年間約14億円、果樹と野菜が主なものです。ゴルフ場内でもカラスによる被害はいろいろありますが、農作物被害のような経済的被害は大きくありません。一般にカラスはゴルフ場の森をはじめ地域の森を営巣場所とねぐらにしていますが、採餌の場所は別の所にあります。主な採餌の場所は様々で、市街地、耕作地、果樹園、養鶏場、養豚場、肥育牛舎など極めて広範にわたります。農作物被害に加えて、カラス問題の重要さは、人獣感染症の伝播に大きく関わっていることです。すなわち、カラスの糞や死骸をはじめ巣内や営巣地におけるウイルスや細菌

の保有、そしてそこを繁殖場所とする蚊やハエなど媒介昆虫の問題です。これらの農業被害および人獣感染症への対策は、地域全体で取り組むべき課題であり、何よりも私たちと生活圏を同じくするカラスの繁殖域においては、営巣場所と採餌場所を地域単位で管理する必要があります。鳥インフルエンザについては渡り鳥キャリアー説で説明されていますが、カラスの関与はないのでしょうか？カラス以外の鳥害には、カモ類、ヒヨドリ、ムクドリ、スズメなどによるものがありますが、地域の森との関係はそう深くありません。

さて、野生哺乳類による農作物被害ですが、年間約130億円弱と増加する傾向にあります（2018年度農水省）。被害は、シカとイノシシで被害総額の約80％近くを占めています。シカによる被害の多くは飼料作物で、イノシシによるものは水稲となっています。この他の被害農作物は、果樹、野菜、イモ類、豆類、麦類など広範囲に及びます。また、加害者である哺乳類も、イノシシ、シカ以外にサル、ハクビシン、クマ、アライグマ、アナグマ、野ネズミ、野ウサギなど様々です。いったい何が起こっているのでしょうか？列島の森林の40％を占めるスギ・ヒノキ人工林は、少なくともこれら哺乳類の繁殖場所にも餌場にもなりません。したがって、人工林によって繁殖場所と餌場を奪われた野生哺乳類が、残存する里山の樹林に逃げ込んだということも考えられます。しかし、それだけでは今日のような野生哺乳類の跋扈を説明することができません。

考えられる合理的な説明を可能にするのは、現在の里山の構図そのものです。山の放置樹林、発達した道路網、道路敷や河川敷の切土・盛土に繁茂する多年生雑草類、食べるに事欠かない農作物やその残渣がキーワードです。要は、生息場所、餌場、移動路、隠れ場所が連続して存在しているということです。そうだとすれば、樹林や雑草の管理、耕作地の清掃を地域レベルで怠ってきたことが、今日の野生動物による厄介な問題の原因になっているのは明らかです。ちなみに、具体的な管理としては、藪化の防止、シカなどの嗜好性の高い雑草や緑化植物の排除、イノシシなどの嗜好性の高い地下部を形成するクズのような多年生雑草の除去、冬期生育型の雑草の防除などが挙げられます。

ゴルフ場の残置森林では現在もグリーンキーパーによってある程度の管理施業がなされていますが、周辺の植生管理がほとんど放棄されている中で、残念ながらこの努力はゴルフ場にとっても地域にとっても報われ難い状況です。近頃、春になってもカラスの声しか聞こえないゴルフ場が多くなったように思えますが、気になるところです。

第 9 章

地域の環境資産へのゴルフ場緑地の役割

1．地域の水循環とゴルフ場緑地

水文学分野では、陸水の循環において「流域」は斜面と流路で構成され、「流路」は雨水を排出するシステムであると同時に、流域内の物質を排出システムでもあるとしています。そして、流路のこの機能は、流水の関与するすべての流域構成物の運搬、堆積、流出などを通じて流路の形状や水系・水質の安定に寄与し、地域の生態系に深く関わっています。しかし、かつてこれらの機能を担ってきた広葉樹林、傾斜地水田（棚田）やため池は衰退し、農業用排水路は３面コンクリートで固められています。このことは、緑地植生として存在するゴルフ場の担う役割が、地域の水循環とそれに依存する生態系にとって、以前にも増して重要になっていることを意味しています。

日本のゴルフ場は優れた雨水貯留機能を発揮しています。芝地と樹林で構成されるゴルフ場の緑地では、降雨や融雪は地表から吸収され地下に浸透し、帯水層（土壌および地下水）に貯留されます。これを水涵養と呼んでいます。また、ゴルフ場緑地内にある水系、すなわち谷川・沼沢、池・ため池、小川などにも流入・蓄積されます。これらの水の一部は場内で蒸発と植生による蒸散で消費されますが、残余水はやがて河川水となります（図2－5）。このように、大規模の芝地と樹林で構成されるゴルフ場緑地

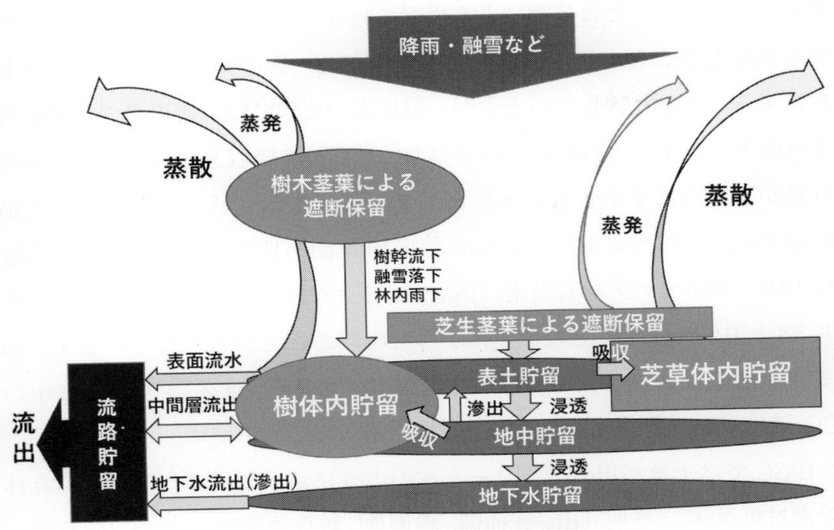

図２－５　ゴルフ場緑地の水循環

の水涵養機能は、単に治水上の効果だけでなく、水循環システムを通じて豊かな生態系の維持に貢献しています。以下にその働きを列挙します。

１）降水のほとんどを地中流化する機能

２）蒸発散による大量の水を大気に送る緑のポンプ機能

３）土壌孔隙を通じて地中流水の流れを変化させる緑のダム機能
　　河川流量の少量化、水量の平準化作用

４）雨水水質から河川水質に変化させる作用
　　栄養塩類（ミネラル）と有機質を含む水質の浄化・形成作用

現在、日本のゴルフ場の多くが自己水源を持っている（使っている）ことは、世界のゴルフ場の管理者からすると、ただただすごいことなのです。

２．地域の炭素貯蔵庫としてのゴルフ場緑地

世界の産業界は、カーボンニュートラルへ向けて邁進しています。カー

ボンニュートラルとは植物による炭素の吸収と人間の活動による排出のバランスをとることです。日本も温室効果ガスの排出量を2050年に実質ゼロにすることを宣言していますが、脱炭素の実現には、排出量の削減や再生可能エネルギーへの転換のみではなく、CO_2を吸収し、蓄積するための行動が求められます。ちょっと大きな話になりますが、IPCC（気候変動に関する政府間パネル）によれば直近10年間の世界の年平均CO_2排出量は10.9 ± 0.9ペタグラム炭素（PgC：1ペタグラム＝10億t）で、そのうち3.4 ± 0.9 PgCは陸上の植生によって吸収されているとしています。つまり、植生は排出されたCO_2のおよそ30％を吸収することで大気中のCO_2濃度の増加を緩和する大きな役割を担っているのです。

IPCCでは土地利用カテゴリーを次のように決めています。森林（森林計画対象森林）、農地（田、普通畑、樹園地、耕作放棄地）、草地（牧草地、放牧地、牧草地以外の草生地）、湿地（水面を持つ湛水地、河川、水路）、開発地（都市緑地など都市域の森林に該当しない樹木植生地）、その他（上記の土地利用に該当しない土地）という枠組みになっています。ゴルフ場施設は、欧米では土地利用カテゴリーでは造成地の由来から開発地に区分されますが、自生種の芝地と残置森林からなる日本のゴルフ場施設を、開発地のカテゴリーに入れるのか、森林のカテゴリーに入れるのか、自生種の草地（牧草地以外の草地）と見るのか、整理が必要です。日本もIPCCの規約によって年間のCO_2排出量を事務局に報告していますが（国家インベントリと言います）、その際ゴルフ場緑地の炭素収支（土壌炭素蓄積量など）をどのように算定しているのか全く不明です。

公表されている土地利用別の炭素ストック量を拾ってみると、森林が約85 tC/ha、スギ人工林が82 tC/ha、水田が約71 tC/ha、畑が約87 tC/ha、果樹園が約77 tC/ha、牧草地が約135 tC/ha、ゴルフ場のラフ（ノシバ）が約140 tC/ha、フェアウェイ（コウライシバ）が約100 tC/haなどの値が見られます。もちろん、これらの値は土壌条件、土地利用年数、管理状態などで大きく変動しますが、日本のゴルフ場は、少なくともその地域の様々な土地利用の中では最も炭素ストック量の多い施設と見ることができるでしょう。また、CO_2純固定量／年は、温帯常緑樹林と落葉樹林がそれぞれ 5.3 tC/ha と 5.0 tC/ha、スギ林が 2.4 tC/ha、人工草地が 9.0 tC/ha、自然草原が 2.3 tC/ha で、芝地と樹林からなるゴルフ場緑地には全体として高い炭素固定力が想定されます(データはありませんが)。したがって、消費燃料からの CO_2、施肥窒素からの N_2O などの排出は当然あるものの、日本のゴルフ場が地域の炭素収支に大きく寄与していることは確かです（BOX 2 − 2 ）。

BOX 2 − 2

ゴルフ場の温室効果ガスインベントリ

わが国は、気候変動に関する国際連合枠組条約（UNFCCC）第 4 条および第 12 条ならびに 2/CMP.8 決定に基づき、国家温室効果ガスインベントリ報告書を条約事務局に毎年提出しています。報告に際しては、気候変動に関する政府間パネル（IPCC）ガイドラインに則して、 6 つの土地利用区分（森林・農地・草地・湿地・開発地・その他）に分け、土壌炭素蓄積量（以下炭素ストックと呼ぶ）を設定しています。2021 年の日本の報告書では、森林 85.45 tC/ha、農地(水田、畑地、果樹園の平均) 76.46 tC/ha となっています(0 ～ 30 cm 土壌)。そして、開発地の炭素量については、科学的知見の蓄積がないことから、専門家判断により 80.0 tC/ha を暫定値として用いています。しかし、これでは農地や森林が開発されても炭素インベントリが減らないということになります。また、最近になって、新しい森林の炭素インベントリは 71 tC/ha と算定され、困ったことに日本では農地や開発地より森林の炭素インベントリが少ないことになったのです。もちろん、土壌炭素のストックは、森林が農地に転換されれば減少し、農地が森林に戻されれば増加するというのが科学的常識です。このままでは、日本の炭素インベントリに国際的に疑問符が付くのは確実です。

さて、森林と農地が開発されてできた日本のゴルフ場施設の炭素ストックはどうなのでしょうか。直近の論文（外崎ら 2022）を参考にゴルフ場施設の炭素ストックの変化を見てみます。外崎らは、開発地を宅地系（住宅用地・事業用地・学校用地など）、道路系（道路・鉄道など新設・改築）、草地系（ゴルフ場）、公園系（公園・運動施設・レジャー施設・別荘地など）に区分し、森林および農地の炭素ストックがこれらの土地利用によってどのように変化するかを算定しています。詳細は省きますが、表土 0 ～ 30 cm 層の 20 年経過の炭素ストックを基準としています。これによると、開発地への転用直後の炭素ストック初期値は森林からでは 21.9 ± 16.5 tC、農地からでは 22.8 ± 17.6 tC と算定しています。重機による攪乱の程度などによって差はあるでしょうが、土地造成によって反転された深土の炭素量として見ることができます。転用 20 年後の開発地の平均炭素ストックは、森林からが 28.3 tC/ha、農地からが 28.0 tC/ha と増加しています。転用先別では森林→草地系 50.7 tC/ha（農地→草地系 51.6 tC/ha）、森林→公園系 40.2 tC/ha（農地→公園系 41.1 tC/ha）、森林→道路系 28.2 tC/ha（農地→道路系 29.1 tC/ha）、森林→宅地系 25.8 tC/ha（農地→宅地系 26.7 tC/ha）となっています。また、緑被率は草地系 96％、公園系 61％、道路系 21％、宅地系 13％となっており、緑被率の高い開発地である草地系（ゴルフ場）と公園系に顕著な増加が見られます。

以上が意味する重要なことは、日本の森林土壌の炭素ストックが農地や開発地よりも低いという現状であり、また、その理由はスギ・ヒノキ林の表土流亡によるものと考えられます。

現在、農業と林業の土地利用は世界の温室効果ガス排出量の 4 分の 1 弱を占め、このセクターにおける排出の削減は極めて重要です。日本の農業由来の温室効果ガス（CO_2, CH_4, N_2O）の年間総排出量は、CO_2換算で 3,220 万 t と公表されています（2023 年温室効果ガスインベントリオフィス）。内訳は、稲作 37％、家畜のゲップや排泄物管理 24％、燃料消費 22％、残りは土壌有機物の分解と石灰・尿素施用となっています。これを見ると、水田稲作と肥育牛畜産は、温室効果ガスの排出量の多い土地利用と言えそうです。ところで、水田で栽培した飼料（コメ）で家畜を肥育することに環境省は平気なのでしょうか。国際社会が農畜産業の温室効果ガス削減に必死で取り組んでいる時代に。

3．地域の生態系・生物多様性保全とゴルフ場の役割

ここ十数年は、ゴルフ場建設やゴルフがブームであった頃の自然破壊者というような偏見も少なくなり、「ゴルフ場は自然がいっぱい」、「ゴルフ場の生物多様性における役割」、「ゴルフ場は豊かな動植物の生息地」等々といった専門家や関係者からの情報発信が多くなっています。これはゴルフ場にとっては望ましいことには違いありませんが、著者が強調したいのは、ゴルフ場緑地の生態系や生物多様性を、ゴルフ場だけ切り取って論じることは決してできないということです。また、「ゴルフ場だって……」という、どこか言い訳っぽいニュアンスを未だに感じるのも残念です。

里山・里地には林地、耕地、草地、宅地、事業地などがモザイク状に存在し、道路網で結ばれています。そして、各ゴルフ場は、繰り返し言及してきたように樹林を介して他の里山・里地の一要素として存在しているのです。この視点をもって見ると、ゴルフ場が地域の生態系・生物多様性に果たしている二つの大きな役割が明確になってきます。

一つは、地域の周辺の緑地に比べてゴルフ場緑地は総じて質が良いと考えられることです。ゴルフ場の生き物たちは、植栽した芝以外すべて周囲と直接のつながりの中で存在しています。鳥や昆虫が行き来するのはもちろん、動物（哺乳類）も、動物園のような閉鎖系ではないので出入り自由です。植物も風や鳥によって運ばれたり水系や道路を通じて移動してきます。ここ数十年来、里山や都市・市街地の緑地植生は耕作地を除いてほとんど管理放棄状態で著しく劣化し、生物多様性が失われる方向に進んでいることは誰しも認めるところでしょう。実際、樹林では樹木の生長が衰え

たり、枯れたり、クズマントで覆われたりと、かつてのように鳥類がすみやすい場所ではなくなっています。また、昔は多様な草本で構成されていた畦畔や道路・河川・鉄道沿いの植生は、大型多年草（セイタカアワダチソウ、クズ、メリケンカルカヤ、セイバンモロコシなど）による単純な植生や雑木に置き換わっています。ゴルフ場では植生の管理がなされているので、かろうじてこれらの攻撃をかわしているのが現状です。地域の各種生物のゴルフ場内外の生息数を調べたデータがないので断言はできませんが、以上の状況から判断すると、ゴルフ場緑地は地域の生態系保全から見て貴重な存在だと言えます。

もう一つの役割は、恒久的緑地であるゴルフ場の存在そのものです。ゴルフ場である限り、管理された広大な緑地として存在し、そこの生態系も生物多様性も維持されます。昨今、廃業したゴルフ場跡地にメガソーラーが建設された例が136件ほどに上りますが（2016年時点）、その光景を見るにつけても、地域の自然や緑地景観維持、生態系保全におけるゴルフ場の存在価値を強く感じさせられます（グラビア-13参照）。かつて都市・市街地に近い里山にはいろいろな施設が建設されました。1970年初頭に始まった全国へのグリーンピア等の公共保養施設建設、そして、その廃業跡地のホテルやリゾート等への転用などもありましたが、もしゴルフ場になっていたら、今日でも地域の緑地として価値を持って存在し続けたでしょう。

最後に、ゴルフ場緑地が地域の生物多様性の維持にどのような機能を発揮しているのかを、以下に整理してみます。

・ゴルフ場芝地・樹林で生産される様々な有機物を地域の多様な葉食動物（主として昆虫類）に提供している。

・ゴルフ場芝地・樹林の表土に有機物を堆積し、多様な分解者（土壌昆虫・土壌微生物）に提供している。

・ゴルフ場芝地・樹林が様々な花粉・花蜜を生産し、地域の多様な昆虫と鳥類に提供している。
・ゴルフ場樹林で生産される果実や種子を、地域の多様な野生動物（昆虫・鳥類・哺乳類）に提供している。
・ゴルフ場芝地・樹林・水辺は、生息・移動、産卵・営巣、休息・避難・隠れ場、ねぐらなどの利用場所を地域の多様な野生動物（鳥類・爬虫類・両生類・哺乳類・淡水魚類）に提供している。
・ゴルフ場樹林の落枝・落葉・樹幹・樹皮・根系などは、多様なミクロハビタットの形成（担子菌などキノコ類）ができる環境を提供している。
・ゴルフ場の樹林は、多様なシダ植物や非維管束植物（蘚苔類・地衣類）が繁殖できる環境を提供している。
・ゴルフ場樹林は、地域自生草本類の生育に必要な林床環境を提供している。

4．地域の有用広葉樹の保存

多くのゴルフ場の残置林では広葉樹が主な構成種となっています。これらはたいてい、日本列島における長い栽培・半栽培の歴史を持つ有用植物です。有用広葉樹は大きく薪炭樹種（低林作業樹種）、果樹用樹種、特用樹種（樹芸林業種）、工芸樹種に分けられますが、それぞれに応じて「萌芽更新」、「挿し木繁殖」、「接ぎ木更新」、「取り木繁殖」、「種子繁殖・育苗」による繁殖・系統維持がなされてきました。注目して頂きたいのは、有用広葉樹の用途と種類によって発達した栽培技術が継承されているということです。果樹についても、縄文遺跡からはクリ、クルミ、ヤマモモ、ブドウ類、キイチゴ、カキ、ハシバミ、イチイガシ、シイが出土し、弥生時代の遺跡からはモモ、ウメ、スモモ、アンズ、グミ、ビワの種子が見つかっています。要約するとリンゴとサクランボを除いて、現存する果樹のほとんどの種類が奈良・平安期時代には栽培利用されていたのです。もちろん栽植場所は里山です。

今日、私たちの食生活の基本は、欧州では「コムギ・肉・果実（果物）」であり、日本では「コメ・魚・野菜」です。この理由は、これらが集落や生活圏の中で最も容易にかつ多量に得ることのできる食料資源だからだと説明されているように、エネルギー源である穀物の栽培は飛躍的に発展・拡散しました。日本ではそれが稲作ですが、それ以外の栽培、とくに有用広葉樹の栽培への関心は今や薄れる一方に見えます。

したがって、現在残された有用広葉樹資源の保存は重要な課題であり、その観点から各地の里山ゴルフ場が残置林にある地域の特産広葉樹樹種に目を向け、その更新に取り組まれることが望まれます。

第 3 部

植生管理現場の視点で見たゴルフ場緑地

第10章

植生管理の現状

1．データの収集：グリーンキーパーへのアンケート

ゴルフ場の存立基盤は、健全な状態で維持されている緑地にあります。そして、その要である植生の管理を担っているのは、言うまでもなくグリーンキーパーと呼ばれている人たちです。その業務は芝地を中心としたコースの管理が中心ですが、森林樹木の管理、各種植栽・池沼ひいては水生植物の管理にまで及び、広範なノウハウと作業量が求められる状況にあります。しかし、驚くべきことに、日本のゴルフ場に関するいろいろな書籍・雑誌の記事の中に、グリーンキーパーの活動をうかがい知る情報はほとんどありません。

NPO法人緑地雑草科学研究所では、ゴルフ場植生管理の現状と課題を正確に把握するには、その現場の担い手であるグリーンキーパーの声を伺うことが最短の道だと考え、九州から北海道にわたる6地区のゴルフ場のコース管理担当部署に対してアンケート調査を実施しました。概要は表3-1に示す通りです。総数約250件の回答を少ないと見る向きもあるかもしれませんが、各種の質問に対する回答の多くが全国を通じて特定のポイントに集中する傾向を見せたこと、頂いたコメントから共通にキーパーの悲痛な心情がうかがわれたことなどから、これから述べるゴルフ場植生管理の検証に資するに十分な情報と判断しました。したがって、第3部で

表 3－1　全国のグリーンキーパーへのアンケート実施概要

地区	九州	関西	中部	関東	東北	北海道	計
依頼場数	187.0	246.0	271.0	547.0	149.0	174.0	1,574.0
回答場数	81.0	52.0	24.0	46.0	16.0	28.0	247.0
回答率（%）	*43.4*	*21.1*	*8.9*	*8.4*	*10.7*	*37.8*	*16.8*
自営	53.0	41.0	15.0	24.0	13.0	26.0	172.0
一部委託	25.0	7.0	5.0	18.0	3.0	2.0	60.0
全面委託	3.0	4.0	4.0	4.0	0.0	0.0	15.0
依頼年	2017 年	2015 年	2014 年	2013 年	2019 年	2019 年	
依頼先	九州ゴルフ連盟	関西グリーン研究所	直接送付	関東ゴルフ場連盟	直接送付	北海道グリーン研究会	

は、アンケート結果の紹介を中心に、その理解を深めて頂くために必要な解説を加えています。

2．管理体制について

グリーンキーパーを中心とした各ゴルフ場のコース管理体制の現状は、完全な自社運営から部分的外部委託、全面外部委託まであり、部分委託の場合の程度や業務内容もゴルフ場間で大きく異なっています。著者らは当初アンケートで収集したグリーンキーパーからの回答が、自営（計画・監督・作業のすべてを担当）のコースに偏っていて全体の傾向を反映していないのではないかという懸念を持ちましたが、結論を言うとその心配はあまり当たっていなかったようです。というのは、アンケート有効回答数 247 のうち、一部の作業を外注のゴルフ場が 24%、すべて外注が 6 %という値は、日本ゴルフ場経営者協会によって 2017 年になされたゴルフ場へのアンケート結果（有効回答数：221）の全国計の一部委託 14.5%、全面委託 16.7%と大差はなかったからです。著者らのアンケートですべて外注のゴルフ場の率が低かったのは、管理内容に対する具体的な質問が多かったので回答しづらかったためと推察されました。他方、一部外注のゴルフ場からは十分な回答が得られているということは、委託されているのは薬剤散布等の作業だけであって、多くの場合コース管理に主体的に関わっているのはグリーンキーパーであることを裏付けているとも言えます。ちなみに、経営者協会のアンケートによれば、部分委託の内容は芝への薬剤散布が75%と最も多く、樹木への薬剤散布や剪定が30%台を占め、その他として、芝生の刈り込み、機械類の整備、コース内清掃、フェアウェイやグリーンの更新作業などもあり多様でした。なお、管理主体者の違いを全国で比較すると、関東以西（関東・中部・関西・九州地区）では北海道・東北に比べて外部委託（部分＋全体）の割合が多い傾向が見られました。後者では全面外部委託という回答はありませんでした。

他方、グリーンキーパーへのアンケートを開始した2013年頃には外部委託が増えているという個人的情報もあったので、自営と答えられた関東地区のゴルフ場に、なぜ外注されないのかその理由を尋ねてみたところ、22件のうち7件から以下のような趣旨の回答がありました。

a）直営の方が必要に応じた柔軟な対応ができる。例えば、最近の予測不可能な激しい気象変化、客の要望、一般のコースと異なる植生などに対して。

b）各種作業の配分を上手く行えば十分対応でき、外部委託をする必要がない。とくに中小規模のゴルフ場では、直営の方がトータルコストは安くなる。

c）外部委託の大半を占めている除草剤散布について、散布業者のスケジュールが優占されるため、雑草の状況に合わせた散布適期を逸することが多い。委託によって雑草の繁茂が著しくなったという報告もある。したがって、大変ではあるが自社で行っている。

3．キーパーが管理上重視していること

アンケートの「管理において何を最も重要視していますか」という質問で選択項目7～11（地区により若干異なる）から3つを選んでもらった回答では、図3-1のような結果が得られました。全国的にほぼ共通の傾向があることが注目されます。「年間管理コスト」、すなわち経費についてが最高で、全国6地区揃って約80％に及んでいます（ちなみに、一部の作業を外部委託しているゴルフ場では、これより約10ポイント低い傾向が認められました）。次いで全国的に約半数のゴルフ場で最重要視されている事項は、コース管理業務自体である「作業配分」、「作業員の指導・教育」および「管理・防除の効果」でした。日本ゴルフ場経営者協会の「雇用状況実態調査」報告（2017年）によりますと、コース管理部門人員が不足気味もしくは欠員と回答されたゴルフ場は、正社員については53％、パート・アルバイトについては70％に上っています。このような

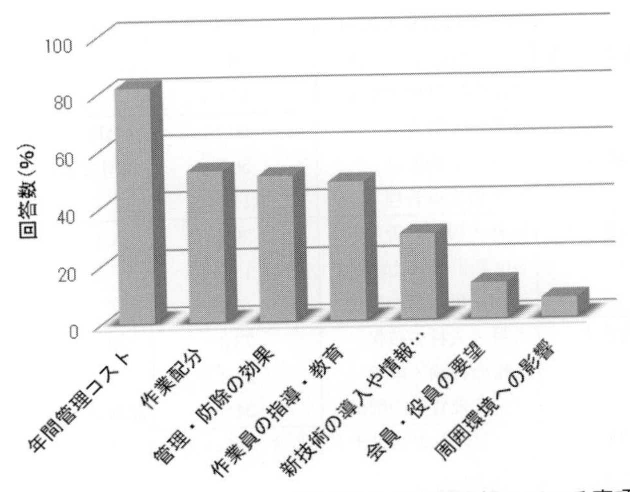

図3-1　グリーンキーパーが管理において重要視している事項

状況下では作業配分は非常に重要な事項として責任者が気を遣われるのは納得できます。「管理・防除の効果」はコース管理者として気にされるのは当然の事項ですが、地区によるばらつきが大きい傾向が見られました。

周辺環境・地域への影響や会員の要望など、外に対する配慮については、重要視の程度が低い傾向が見られました。この点は、各ゴルフ場ともメンバーが多かった上、農薬問題のやり玉に挙げられて住民への説明や環境対策に忙しかった1990年頃とは、大きく様変わりしたことが感じられました。

4．キーパーが管理上苦慮していること

グリーンキーパーが植生管理上でどんな問題に直面し、苦慮しておられるのかのアンケート結果をまとめたのが表3－2です。これらは、①コー

表3－2　グリーンキーパーが現在最も厄介だと思っている問題

問題の区分	具体的項目項目	回答数／全場数（%）	地区（九州－北海道）間の傾向
コース管理業務	コース内雑草の増加	52.7	北海道ではやや少ない
	コース内害獣の増加*	43.8	全地区で多い
生物被害対策	コース内病害虫の増加	26.4	北海道ではかなり少ない
	防除に適切な薬剤がない	14.1	
	芝生の水管理	50.3	全地区で多い（とくに中部）
芝育成管理	グリーンの維持	50.3	九州で多い
	芝生の土壌管理	11.4	
その他の管理業務	樹林・樹木の管理**	29.4	
	集中豪雨による土砂流亡	13.0	
	池沼・用水地の管理	7.2	
経済・人的要素	人員・人材の確保	73.0	全地区で最高、北海道では90%
	技術の経験・継承	27.2	
	経常管理費用の削減	24.9	北海道ではとくに多い

*　芝生への獣害：イノシシ、シカ＞アナグマ、キツネ、タヌキ、モグラ＞サル
　その他：カラス

**　下刈り、枝打ち、剪定、間伐、倒木・傷害木の処理、マツ枯れ・ナラ枯れ対策

ス管理業務に関わること、②その他の管理業務に関わること、③ゴルフ場経営に由来することと多岐にわたっています。その中で、深刻な問題として最も多くの方が指摘したのが「人員・人材の確保」です。これは九州から北海道の平均で 73％に上り、北海道では 90％に及んでいます。人員不足には、ゴルフ場の運営経費自体の節減とともに、若者にとってゴルフ場管理の仕事の魅力が薄く、なり手がない上すぐ退職する人も多いと聞きます。しかし、キーパーが本来の業務である植生管理よりもこのことを問題にされている状況は、まさに現在のゴルフ場の危機を浮き彫りにしているとも言えます。

コース管理について見ると、「雑草問題」、「獣害問題」、「グリーンの維持・水管理」が 53 ～ 43％と多く挙がり、「樹木管理」、「病害虫管理（芝生）」、「経費削減」、「技術の継承ができないこと」は 29 ～ 25％となっています。雑草問題がグリーン維持管理と同等以上に深刻で、獣害対策が病虫害管理より厄介度がはるかに高くなる時代が来るなど、約 30 年前のゴルフ最盛期の頃には想像できなかった事態です。厄介な雑草と野生動物は地域社会全体がこれらに侵されているからであり、その点も含めて重要課題なので次の章で別途詳しく述べます。芝生の水管理が最重要問題の一つになっているのは、昨今の温暖化によるものと考えられます。

他の管理業務として樹林（残置林）や池沼・用水地の管理があります。残置林の管理に時間が割かれていることは、一般には意外と気づかれていませんが、森林管理としての基本的業務である下刈り、枝打ち、間伐、倒木・傷害樹の処理、マツ枯れ・ナラ枯れ等への対策など多岐にわたっています。樹木については、この他コース内の植栽樹の剪定や維持管理もあります。また、以上のような経常的業務ではありませんが、最近では頻発する豪雨による土砂流亡の復旧作業なども多くなっています。

その他、全体を通じて次の二つがさらなる悩みという声が聞こえます。

一つは、管理の水準（集約度）をどのあたりに置けばよいか明確な指示や指標がない上、経費と人員の削減の中でプレーヤーの満足度と芝生の持続性の許容範囲をどのあたりに置けばよいのか、バランスをとる判断が大変難しいということです。もう一つは、日本のゴルフ場特有の問題としての広い残置林への対応で、（外部委託の場合もあるものの）キーパーには芝管理の技術だけでなく、樹木の診断、害虫防除、伐採、剪定等の広範囲の技能と労力的負担が求められていることです。

第11章

主な生物害の実態と対応

1．増大する雑草問題

アンケートではおよそ50％を超えるゴルフ場で雑草が増えたと答えており、雑草が減ったというゴルフ場はごく僅かでした（図3－2）。そして、増加が報告された雑草の種類（図3－3）は目新しいものではなく、すべて従来からゴルフコースで見られているものです。地域的に見ると、全国（九州～北海道）を通じて報告されているのは、イネ科一年草のメヒシバ（夏草）およびスズメノカタビラ（冬草）でした。注目すべきは、メヒシバ（アキメヒシバではなくメヒシバ）の分布が北上し、北海道で最も問題

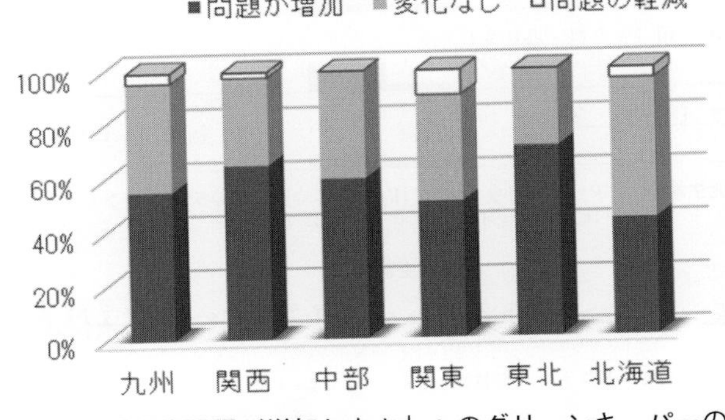

図3－2　「雑草問題が増加したか」へのグリーンキーパーの回答
（回答総数に対する％で示す）

九州　関西　中部　関東　東北　北海道	発生場所*	生育型**
メヒシバ（イネ科・一年生）	F, R, G, TG, 道	ほふく型／叢生型
スズメノカタビラ（イネ科・一年生）	G, Gカラー	叢生型
メリケンカルカヤ（イネ科・多年生）	R（のり面）	叢生型
シマスズメノヒエ（イネ科・多年生）	F, R, TE	叢生型
チガヤ（イネ科・多年生）	R（のり面）， B周囲	地下茎型
ササ（イネ科・多年生）	R, B周囲	地下茎型
ヒメクグ（カヤツリグサ科・多年生）	F, R, G, TE, 全面	地下茎型
ハマスゲ（カヤツリグサ科・多年生）	F, R, 全面	地下茎型
ヤハズソウ（マメ科・一年生）	F, R	分枝型
チドメグサ（ウコギ科・多年生）	F, R, Gカラー	ほふく型
シロツメクサ（マメ科・多年生）	F, R	ほふく型
タンポポ類（キク科・多年生）	F, R	ロゼット型
ブタナ（キク科・多年生）	F, R, 全面	ロゼット型

*発生場所：「F」フェアウェイ、「R」ラフ、「G」パッティンググリーン、「TE」ティーイングエリア、「B」バンカー

**生育型

図3-3　増加したと報告されている雑草の種類の発生地域・場所および生育型

になっていることです。長野県の高冷地で、「以前にはなかったが本種が最近目立つ」という報告もあります。

北海道を除き増加が多いのはメリケンカルカヤとヒメクグです。メリケンカルカヤは、他の 12 種が従来からゴルフコース主要雑草であったのに対して、近年関西以西で目立ち始め現在は東北にまで侵入した種です。市街地域に急速に分布を広げたことで、その風散布種子が山林を超えて運ばれ風筋の斜面に止まることでラフに定着したのでしょう。ヒメクグの増加は、キーパー自身から「除草剤が効きにくくなった」との指摘があるように、スルホニルウレア系除草剤（SU 剤）の連年使用によって生まれた SU 剤抵抗性変異型の拡散によると考えられます。ヤハズソウの増加は、コース管理における施肥の節減あるいは無施肥と関係し、根粒菌により自力で窒素固定ができるマメ科植物が、それができないイネ科植物のシバとの競争力を強めているという指摘もあります。その他の広葉雑草として全国的に増えているチドメグサは、近年の集中豪雨等の影響を受けた水はけの悪さが関係しているのではないかと思われます。なお、地域的な違いとして暖地（関東以西）ではシマスズメノヒエ、チガヤ、ササという多年生のイネ科があるのに対し、寒地（東北・北海道）ではシロツメクサ、タンポポ類、ブタナであったことです。また、南に行くにつれて増加したとされる雑草種が多いことも分かります。

ゴルフ場コースに発生する雑草は一・二年性と多年草にわたりフェアウェイで 20 種強、ラフで 50 種強程度とされており、夏草と冬草におおよそ区分することができます。芝生には本来、葉の密生、密な根茎（ライゾーム）の広がりおよび適当なサッチの蓄積によって雑草を抑える力があり、雑草は芝生の生育不良部分やギャップから発生します。そして、大きなパッチに広がる種も少なくありません（グラビア－8、9 参照）。刈り込みは健全な芝生の維持に不可欠な管理ですが、雑草防除のためのものではありません(高い刈り込み頻度が雑草発生を減少させるのは確かですが)。むしろ、刈り込みは雑草には選択圧として働き、茎葉が損傷しても地際や地下に着生している芽から容易に再生できるという適応的形質（生育型）を持つ種類が芝地雑草となっています（図3－3、脚注)。キーパーによって近年増加しているとして挙げられている主な雑草13種も、すべてこれに該当します。

このように、芝生管理に適応して存在し機械的にも物理的にも防除できないゴルフ場雑草の管理には、必然的に化学的防除が適用されることになります。グリーンを除き、基本的に夏雑草に対しては春期、冬雑草に対しては秋期の年間2回、雑草発生前に除草剤処理が行われています。現在は雑草発芽前土壌処理剤に加え、雑草発生後茎葉処理剤に分類されるSU剤、アシュラムなどが発芽～生育初・中期の雑草を抑制するために併用されています。人手不足や外部委託で土壌処理剤の適時散布が難しくなり、散布適期幅が広い茎葉処理が増えたのではないかと考えられます。いずれにしても、適用できる化学物質の研究開発が進み多様な除草剤が揃っているにもかかわらず、アンケート調査で50％以上のゴルフ場で雑草問題が増えたという回答だったというのは、普通に考えれば不思議なことです。換言すれば、なぜこうなっているのか、その理由に迫ることが現在の雑草問題の解決のための重要な糸口ということになります。個々の草種が増えた状況に立ち戻ってそれを探ってみると、次のように整理できます。

①温暖化：メヒシバ、メリケンカルカヤの分布拡大に見られます。この他、スズメノカタビラやメヒシバ等一年生雑草の発芽・発生の長期化、時期の変化によって、これまで通りの除草剤処理体系を適用できなくなり、かなりのキーパーから対応に苦慮しているという声があります。

②周辺の市街地化・都市化：メリケンカルカヤ増加に象徴されるように、周辺地域の雑草状況の悪化（大型多年草の蔓延）および交通網や通行の頻

度の増大で雑草コリドーが確立されたことの影響は顕著です。また、都市・市街地を代表するセイタカアワダチソウ、ススキ、クズの三大雑草は、コースに隣接する樹林帯の林縁や谷筋の農業地帯にも蔓延しており、いまや周囲が完全に山林に囲まれている中山間地ゴルフ場でも、非芝生部分を当たり前のように占めています（グラビア-11、12参照）。クズは周辺地域から残置林を通じてゴルフ場を取り囲み、斜面を軟化させて土壌流亡を引き起こし（図3-4）、時には芝生に侵入していることもあります。このことは、ゴルフ場の植生が、手入れの不備な周囲の里山と一体化していることを顕著に示しています。

③連用による除草剤抵抗性変異型の発現：ヒメクグのSU剤抵抗性個体の増加はすでに証明されている通りですが、スズメノカタビラにも効果が低下したとの指摘があります。米国では、すでに本種のSU剤抵抗性が多く報告されているので、抵抗性個体の発現と拡散は十分にあり得る話です。

④経費節減・人員不足による管理の粗放化：刈り込み・除草剤処理の回数を削減したり適期にできないこと、肥料の節約などで、雑草が全体に増えたというキーパーからの訴えが最も大きなものでした。

以上の四点にぜひ追加したいのは、雑草の恐ろしさ、賢さに対する管理者の認識の不足です。雑草の持っている基本的性質「雑草性」とはどういうものか、その最も分かりやすい例はスズメノカタビラです。本種が問題になるのはグリーンですから話題にするのは本書の主題からは離れますが、何とか追い出そうとやっきになっている相手の正体をBOX3-1でご覧ください。

コースに隣接する残置林：クズマントが高木・低木全体を覆う（８月）

冬季クズが落葉した後は、クズの木化ツルと樹木の枯れ枝のみ（翌年３月）

植生が衰退したのり面の土砂が流亡（７月）

図３－４　残置林を覆うクズ植被と下層植生衰退による土壌流亡の例

BOX 3－1

スズメノカタビラ：人間が芝生から追い出せない小さな生物

管理において知っておくべき本草の特筆すべき性質は、その遺伝的変異の大きさです。様々な形質についての個体間の変異、管理や環境への適応的変異は雑草と呼ばれる植物群に共通の特性ですが、スズメノカタビラという種はとくに顕著にこの二つを内包しています。

①同じ条件の所でも様々な性質を示す個体：スズメノカタビラ（*Poa annua* L.）は、祖先種として想定される *P.supina* と *P.infirma* の複2倍体であり、それゆえに生活史特性において幅広い変異を内包すると考えられます。叢生型とほふく型、また多数の中間型がアメリカ、カナダ、欧州では古くから知られています。ほふく型は分類上、変種（*P. annua* var. *reptans*, 和名：ツルスズメノカタビラ）とされており、典型的なものは、比較的長い茎が枝分かれしながら節から発根して地表を這っていくという多年生です。また、両型の間に種々の段階の中間型の存在が知られています。日本のゴルフ場では、1980年代後半から1990年代にこれらが「従来と異なるスズメノカタビラ」として急速に目立つようになり、防除が困難なため問題化しました。フェアウェイのオーバーシーディングやグリーンのベントグラス品種の更新などを目的としたインターシーディングの普及の時期とほぼ一致しており、輸入洋芝（寒地型芝）種子に混入して広がったのでしょう。また、種子休眠性の個体間変異も大きいので発生期間はばらつきやすく、花序節からの発芽も知られています。

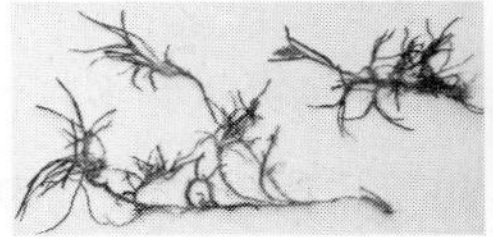
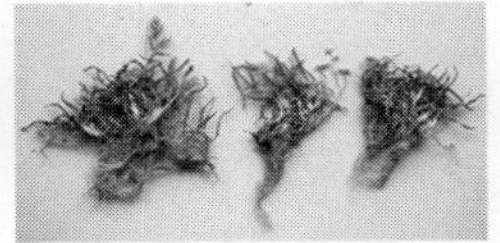

ゴルフコースで見られる多年生個体の例

②刈込みの違いに対する絶妙な適応的変異：グリーン、フェアウェイ、ラフ、ティーグラウンド等異なる刈り込みの高さと頻度に対応した適応分化です。

刈り込みに適応した遺伝的分化：各区から採取した個体を同じ条件で育てた後代でも、サイズや生活環の長さが大きく異なる

グリーンの中のスズメノカタビラ（中央）。白いものは出穂

ベントグラスと非常に近縁ということもあり、グリーンのスズメノカタビラの完全防除はそもそも不可能と考えている米国では、芝としての利用や共存のグリーンが存在します。「カタビラ・グリーン」は全米オープンの行われるペブルビーチ・ゴルフリンクスが有名ですが、芝を読む難しさが一つの売りになっているようです。

2. 獣害増加の実態

グリーンキーパーが獣害問題としてとして挙げている動物は、イノシシ、シカ、アナグマ、タヌキ、キツネ、サル、モグラです。これらは2008年に実施された「ゴルフ場の生物多様性」に関するアンケート（約480件の回答）の中の、出現哺乳類計32種のうちの上位10種に入っています。多くのゴルフ場が位置する中山間地では、離農の進行や農業者の高齢化等々に原因する中山間地の耕作放棄地や管理放棄林の急増が、いわゆる害獣に豊かな生活空間と食料を提供することになり大幅にこれらの数を増やし続けています。そして、問題の動物たちが連続する山林と整備された道路網を通じて簡単にゴルフ場に侵入してくることになったのです。また、開発による森林の伐採で追われた動物が、ゴルフ場の森に逃げ込んでくることもあります。

アンケートにおいて最も多くゴルフ場での被害が報告されているのは、北海道を除く日本全土でのイノシシの害です。月刊ゴルフマネジメント（2017年）掲載の「鳥獣対策特集」記事にあるグリーンキーパー（ゴルフ場数9）からの報告で見ても、イノシシの侵入増加による問題は圧倒的に多いのです。被害はコース芝生下の土壌中に多く生息するミミズや昆虫を食べるための掘り起こしですが、その大きさは簡単に修復できる規模ではありません。ゴルフ場がイノシシに次いで困っているのはシカ（本州～九州はニホンシカ、北海道はエゾシカ）の害です。たいてい群れで侵入し、カラーやグリーンの芝の食害・爪でのひっかき傷とともにコース芝生のあらゆる所への糞による被害があります。糞の除去は毎日のように行わなければならず非常に大変だという声も聞かれます。また、シカが食べることで森林の下草がなくなり、キジやウグイスなどの鳥類が生息場所を失っていなくなったともいわれています。アナグマ、キツネ、タヌキの害もミミズや昆虫の幼虫を食べるための芝生の掘り起こしと糞尿です（肉食に近い雑食性であるキツネは鳥類、ウサギなども食べる）。また、獣ではないのですがカラスもゴルファーの持ち物を持ち去るだけでなく、ミミズやコガネムシの幼虫などを食べるために芝生の掘り起こしもするそうです。モグラも土中のミミズや昆虫を食べるので、地表近くに複雑なトンネルを張り巡らしており、新しく掘り進んだりトンネルを修復したりするとその土が地表に持ち出されて多数のモグラ塚（土の盛り上がり）がコース内にできてしまいます（グラビア-10参照）。

獣害は、ゴルフ場が道路や残置林で周辺地域とつながっていることで起こっているわけで、抜本的な防除対策はありません。対策として様々なこと（ネット・柵・電柵の設置、におい・音の発出、犬を放すなど）がいろいろ試みられていますが、イノシシについてはコースの外周への電柵の設置が最も効果的らしく侵入が減ったという報告が多いです。しかし、電柵は切れ目なく張らなければ意味がないので、何kmにもわたる設置作業がまず大変であり、設置後も悪天候による断線、生長した草との接触による漏電などがないかの点検・保守が必須です。キーパーの本来の仕事ではないこれら被害部の修復や侵入防止の柵作りの作業に多くの時間が取られ、芝コース管理への時間が制限されることについても多くの嘆きが伝わってきました。残置林には雑食性のイノシシの餌となる植物が豊富に存在します。根や地下茎、芋などの植物地下部で、とりわけクズの塊根は重要な餌になっています。そして、残置林はこのクズマントにすっぽり覆われている所が多く、この状態を何とかできない限り（非常に難しいと思いますが）、ゴルフ場のイノシシ問題の根本的な対策ではないように思われます。それ以前に、農家や施設が各々で電柵を設置していること自体、イノシシ問題解決は程遠いと思われます。

3．ゴルフ場緑地に起こっている生態系の変調

里地・里山の生態系においては、生物個体の増減は自然の豊凶によって左右されるのが原則ですが、要は、食べるものがなければ散布者も捕食者も密度が減り、多ければ両者とも増えるということになります。しかし、通常ゴルフ場の緑地空間ではこのような一対一関係は起こらず周辺の緑地空間の影響を連鎖的に受けます。昨今、樹林に営巣するハシブトガラスやハシボソガラスの増加、林床植物を採食するニホンシカ、イノシシや外来哺乳類による芝地への侵入、マツ枯れやナラ枯れの発生、そして樹林を覆うクズなど、このような現象はゴルフ場緑地内に限って起きているわけではなく、連動する地域の緑地空間の変化と生物多様性の低下が大きく影響しているのです。まずカラスの例ですが、カラスは巣内捕食者（小鳥の雛や卵を捕食する）で、ヘビ、ネズミ、アナグマなどともに小型鳥類の天敵です（米国では駆除の対象になっています）。樹林内に営巣場所など（枯死立木、樹洞・巣箱や低・中・高木の階層など）の資源量と捕食者からの被蔽効果が乏しい場合、カラスによる捕食で森林性鳥類の密度は急激に低下することになります。この結果、キツツキ類、シジュウカラ、キバシリ、ゴジュウカラなど昆虫捕食鳥類は繁殖せず、病害虫密度が高まり樹木の枯死が進むことになります。アカゲラの消失とマツノマダラカミキリ（マツ枯れを起こすマツノザイセンチュウのキャリアー）の増加の関係も典型的

な例と言えます。もう一つはシカの例ですが、樹林内のシカは、低木類の芽生え、幼木、萌芽、樹皮、そしてササ類を好んで採食します。ワラビやシダ類、アセビやツツジ科の低木は絶対に食べません（有毒だと認識している）。このシカの採食行動で問題なのは、後継樹の消失もありますが、何よりも高密草本層で営巣するウグイス、ヤブサメ、コルリ、ツグミ類、低木で餌をとるセンダイムシクイ、コガラやエナガがまったくいなくなることです。「すみか」と「餌場」が一挙になくなってしまったからです。当然の結果として、天敵の捕食性鳥類は激減し、イモムシ類による樹木の食害が進むことになります。最後は、樹林を覆うつる性雑草のクズですが、本種は、有用栽培植物（くず粉、くず布、薬用葛根）として林野で広く栽培されていたものですが、クズで覆われると林縁部の遮断、林床草本、低木、中木の衰退といった順序で植生の多様性は失われていきます。そうすると、林床や低木層を餌場（花蜜・種子・果実・昆虫等）と営巣場所としていた鳥類がいなくなります。代わって、アシナガバチやスズメバチの生息地や土壌害虫（コガネムシの幼虫など）に格好の越冬地となるのです。そして、クズの根茎は、何よりもイノシシに好まれ幼獣の越冬を支えるだけでなく、食べ残された繁殖茎によってさらに広がっていくのです。言いたいことは、これらの生態系の変調は、スギ・ヒノキ林床の裸地化、広葉樹林の施業放棄、耕作放棄農地、道路の早期緑化植物、雑草の放任、水田の収穫後放置や農業廃棄物処理など、ゴルフ場を取り巻く緑地空間の変化によって生じているということです。

第12章 直面する人材と経費不足の危機

1．昨今の実態

アンケート結果によると、グリーンキーパーが植生管理上最も深刻な問題としているのは、実は管理自体に関わるものではなく、人員・人材が確保できないことと管理経費が削減されたことです（図3－5）。人材の問題は、全国平均で73％、北海道ではとくに深刻で、90％以上のゴルフ場がこれを挙げ、キーパーの平均年齢が70歳以上というゴルフ場もありました。実際、日本ゴルフ場経営者協会による雇用状況実態調査（2017年）でも、コース管理従業員の正社員については不足気味44.1％、欠員状態10.0％、パート・アルバイトでは不足気味55.6％、欠員状態14.9％と大変厳しい状況がうかがわれます。以下にグリーンキーパーからの生の声を一部紹介します。

・若手が入社しない、しても長続きしない。

・世間的には就職の受け皿が広がっている模様で、ゴルフ場には応募者が集まりにくい気がする。

・人手不足のために、やれば良いと分かっている管理が思うようにできない。

・人手不足なのに、オーナー会社から細かい管理を指示される。

・コース管理という職業をメインに考えても生活できない。

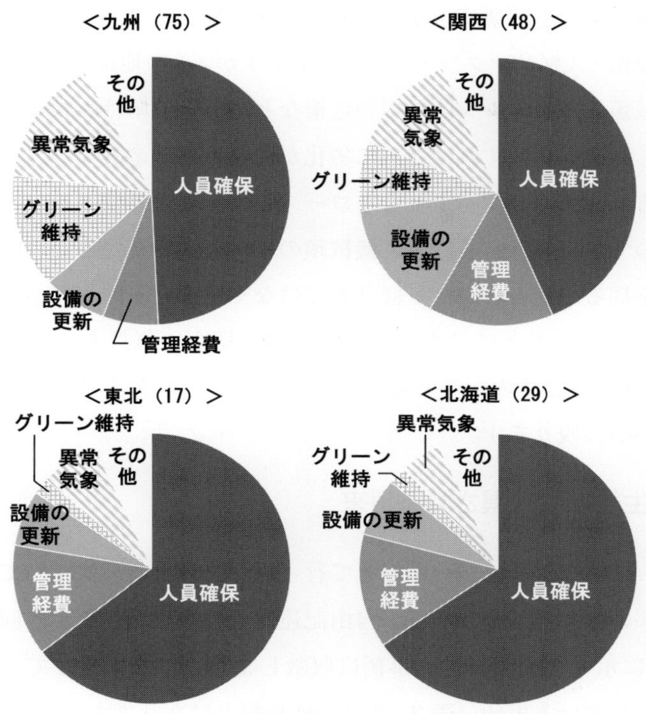

図3－5　グリーンキーパーが危惧するゴルフ場の将来問題

・キーパーは若手の確保ができず高齢者ばかりである。年齢構成に問題がある。

若手人員・人材の確保が困難という現実は、「技術の経験・継承」（27％）への危惧につながっており、次節で述べる「キーパーが管理の将来について懸念していること」への回答内容でもこれが最も重視されています。

人員・人材不足とほぼ同程度に問題視されているのが、経営合理化の名の下で行われている管理経費の削減です。人手不足と相まって経常管理が制限されるようになり、コースが荒れてくるのを見ながら手を打てない苦悩も多く挙げられていました。また、重要な設備を備えられない、老朽化した機械・設備を更新できないとの問題も指摘されています。最も多いのは散水設備（スプリンクラー）についてですが、その他排水管、給水設備、管理機械類からイノシシ防除用の電柵などいろいろ挙げられています。いずれにしても、放置すればさらに劣化が進み、将来余計な労力と経費が求められるのは必然です。まともなコース管理がなければゴルフ場は成り立たないのですから、必要設備・機械類の補修が十分にできないのはその存在基盤を揺るがすものです。経営者ではなく、グリーンキーパーがそこまでの心労を負うことには大いに疑問に感じ切ない気持ちになりました。「我々の立場も経費の一つと見られている」というあるキーパーからのコメントが心に残ります。

2．植生維持が危惧される将来

まず、グリーンキーパーに対して行った「管理の将来に関して懸念されること」の結果を紹介します。自由記述形式の設問でしたが、回答内容は図3-5に示すように特定の事柄に収斂しました。全体として、現在厄介な問題としている事柄（表3-2）の延長線上にありますが、図3-5の6項目のうち「人員の確保」については約半数を占め、この問題が将来における最大の不安と意識されているのが分かります。とくに東北・北海道地区でその傾向が見られています。最大の問題は現在でも得にくい後継者となる若い人材の確保です。自由回答であるにもかかわらず、「次世代キーパー」、「人材確保」、「若い人材の育成・教育」、「技術・知識を持った高齢者の退職」といったキーワードが回答文に満載でした。人材が得られない理由として、給料が安い、社会的地位が低く職業としての魅力がないということを挙げる人も多く見られました。また、ゴルフ場の廃業やゴルフ人口の減少はやや落ち着いてきたものの、今後の経営の伸び悩みからコース管理に関わる経費（年間管理費、設備・機械の更新費）がさらに削減され、人員不足と相まって必要なのにできない管理が増えていくという将来への不安も、人員不足に次いで多くのゴルフ場から挙がっていました。

コース管理自体に関わる将来の懸念事項としては、グリーンの維持と異常気象対応が主流を占めましたが、これらは九州で多く、寒冷地（東北・北海道）ではほとんど回答に上っていません。ゲリラ豪雨や天候不順が今後も増えてくるのではないか、そうなれば従来型のコース管理常識が通用しなくなるのではないかという漠然とした不安もあります。グリーン維持への危惧は、とくに九州で目立つ夏季高温下でのベントグリーンです。耐暑性品種の育種も行われていますが、暖地において将来もベントグリーンであり続ける必要があるかという疑問もあります。その他、温暖化でますます雑草、病害虫が増えるという危惧もありました。以上には自然現象が関係し避けられないものもありますが、その対応はやはり投入できる人員・人材、経費の如何によって大きく左右されることでしょう。

人材と経費の問題は、本来経営者が考え懸念する問題のはずです。繰り返すようですが、ゴルフ場は植生、すなわちコースの芝生とその周囲を修景する樹林が存在して成立するものです。クラブハウスや食堂、フロント、予約管理だけがあっても成り立たないのは当然です。しかしながら、日本ゴルフ場経営者協会の「雇用状況実態調査」を見ると、コース管理も各種業務のうちの一つとしてしか扱われず、中期対応策として外国人材の受け入れ、IT化、長時間労働の是正の3つが挙げられていたので驚きました。これらの案をコース管理部門にどう適用されるおつもりかと聞きたいものです。いずれにしても、グリーンキーパーは、欧米ではコース管理の技術・技能の発揮がその業務であるのに対して、獣害対策や残置林の手入れなどの他業務を抱えながらも、本来心配するべき立場でない将来の必要最低限の経費・人材の確保について懸念されているのは正常な状態とは言い難いと思います。

直近のデータでは、ゴルフ場の閉鎖もかなり少なくなり利用者数は微増ということで、ゴルファーがかつての法人需要から個人需要に変わって、経営的には一応落ち着きつつあるという見方もありますが、多くの企業では経営合理化と入場者の拡大に向けた様々な取り組みもされているところです。例えば、食堂の営業時間の短縮、事務やフロント業務の簡素化、スループレーの推進、若い利用者を増やす工夫（60代、70代のゴルファーの割合が増加している）等々です。このような営業努力は重要ですが、それによる増収が、ひっ迫するコース管理の諸問題解決の方に使われるかどうかが問題です。もし、そうならなければ、いかに入場者数を増やせたとしても、ゴルフ場の将来はないと考えられるからです。

他方、人材確保の問題は将来コース管理予算が増えたとしても解決しません。人員という数だけなら報酬によって改善されるかもしれませんが、人材の方はそうではありません。若い世代にグリーンキーパーを魅力的な職業として関心を持ってもらうには、適切な給料は当然として、それ以上に社会的地位と仕事の魅力を感じる専門性が担保されることが重要です。専門性については、前任者からの技能・知識の移転だけでは十分とは言えません。技術や知識の研鑽の機会をどうつくっていくか、ゴルフ場関係諸団体のより積極的な取り組みが必要とされています。また、長年必要性が指摘されながら未だ手薄な芝草学の研究･教育機関の設置が望まれます(望み薄に見えますが)。

以上は、ゴルフ場という閉鎖系の中での発想ですが、これまで説明してきたようにゴルフ場の植生管理は存在する地域の植生と不可分の関係にあります。人材に関して、グリーンキーパーからは次のようなコメントもありました。

・「コース管理という職業は何か」を考え直すべき。

・兼業も視野に入れたイメージにした方が良いのではないか。

・今後はアメリカのように高学歴者が高給で専門知識を使う仕事になるべき。

これらは、これまでの延長線上ではない新たな発想が必要ということを示唆しています。つまりエリア問題としての専門的取り組みです。唯一、専門家（グリーンキーパー）を有するゴルフ場共同体またはキーパー自身が核になって地域の植生管理を体系的にリードする体制が構築できれば、結局、ゴルフ場にとっても高いコストパフォーマンスとして還元されてくるはずです。ここは起業の場でもあります。各ゴルフ場と各農家が、それぞれに電柵を張り巡らせてイノシシ対策をしているという現状では明るい未来は想定できませんが。

第13章

グリーンキーパーが実感する自然環境保全

生態系サービスの向上や生物多様性の改善、そして里山イニシアチブなどの用語が飛び交う今日、この自然環境保全について現場のキーパーの方々はどう見ておられるのか、アンケート様式（自由回答）でお尋ねしました。回答内容を紹介する前に、ゴルフ場の生態系サービスの役割と機能について簡単に考察しておきます。「ゴルフ場の生物多様性のアンケート調査」によれば、ゴルフ場に出現する哺乳動物が約480のゴルフ場で計32種記録され、絶滅危惧種とされる鳥類も多く観察されています。しかし、こういったデータによって示される数量的な情報は、必ずしも生態系サービスや生物多様性の豊かさの維持を証明しているものとは言えません。したがって、生態系サービス機能や生物多様性において、ゴルフ場が周辺の里山より優れているとか、劣っているとかいう議論は意味がありません。もちろん、日本にもゴルフ場の生態系評価に関する客観的な考察は、欧米に比べて少ないものの「ゴルフ場には自然がいっぱい」(田中淳夫著)、や都市近郊におけるゴルフ場の生物多様性保全における役割シリーズ記事（ランドスケープ研究 2011）などがあります。また、ゴルフ場関連団体もこの問題について発信していますが、過去に生態系破壊者のような偏見に曝されたせいか、どこか言い訳風に見えないでもありません。しかし、本アンケートに見られるグリーンキーパーのコメントからは、正直、日本人キーパーが忙しい業務の中でも自然環境との関わりに喜びを感じておられる空気が伝わってきました。まとめてしまうとニュアンスが伝わらないのかと思われたので、少し長くなりますが以下にできるだけ原文を活かして紹介することで第３部を終わりにしたいと思います。

<九州地区>

・夜間のゴルフ場は人の出入りがなく、野生動物の最良の生息環境となっている。
・人手を加えることによって自然環境を維持し、生態系との共存を模索している。
・希少種ではないが、キツネ、カワセミ、サル、フクロウ、キジ、ワシ、ドジョウが場内に生息している。
・地域生物種の多様性を維持することを心掛けている。
・マツを中心に植栽された多種類の樹木は健全に生育している。
・使う農薬が低毒性で水質等への影響も少なく、ホタルの生息数も増加してきた。
・生態系の維持と生物多様性の向上に大きな役割を果たしていると思う。
・阿蘇の雄大な自然と一体化し、共存していると思う。
・残置林の維持・管理に心掛け、地域の生態系保全に貢献している。
・ゴルフ場を美しくと生態系と生物多様性の向上・改善とは両立しないと思う。
・宅地開発等で追いやられた動物がゴルフ場山林に逃げ込んできている。
・森林の伐採作業は必要だが、可能な限り山林は残していくべき。

<関西地区>

・ゴルフ場の近隣が開発される中、残置林は多種多様な生物のすむ環境になっている。

・維持管理されたゴルフ場樹林は、地域環境への最大の貢献と思う。
・ゴルフ場は、自然環境保全の点で里山の役割を担っている。
・ゴルフ場は面積が大きく環境問題でしばしば取り上げられるが、この問題に一般の農地や市街地と本質的違いがないと考えている。
・周辺の田畑、山林の荒廃化が進む中、生態系の維持を心掛け、続けて行くことがゴルフ場の役割と考えている。
・ゴルフ場は、CO_2の削減などを通して地域社会に十分貢献していると思う。
・農薬の総使用量も減り、安全性の高い薬剤を使用している現在は、生態系や多様性の改善に十分寄与していると感じます（十数年前に比べて)。
・残置森林が多いので、なるべく樹林地を活かすようにしていきたい。
・完全防除を考えることから、ある程度の雑草、害虫との共存は仕方がない方向に。
・ゴルフ場の農薬使用に対する不安が住民にあり、地域の生態系・生物多様性保全の取り組み以前に発信すべきことがあると思う。
・管理コスト（人員）削減によって、残置林帯の整備などが後回しになり、荒れていく一方にある。日々の作業に追われ、樹林環境についてまで意識が向かない。
・ゴルフ場に環境保全的な役割はあると思いますが、指針や技術がなければ、実際に機能させることは困難と思う。

＜中部地区＞

・益虫に影響を与える殺虫剤使用は控えるようにした。
・ゴルフ場で月１回の里山自然観察会を実施している。
・近年の環境問題に関心はあるが、なかなか経済的理由でできていない。

・今までそんなこと考えて仕事したことが無かったです。
・営業ありきで考えたことがない。

＜関東地区＞

・ゴルフ場の森林に生息している貴重な動植物は保護していくべきと思う。
・場内には普段では見かけられない小動物、希少動物等多く生息しており、生態系保全に大きく貢献していると思う。
・ある程度自然を残しながらのコース管理を行い、生態系保全に努めている。
・自然環境保全はゴルフ場の義務。
・国立公園内にあるゴルフ場として、自然環境の保全を心掛けるのは当然である。
・環境の変化(温暖化)による場内生態系などへの影響を観察している。
・山林の変形はあるが、ゴルフ場の 7 割ほどが森林面積であり、芝生とともに土壌流出を抑えている。景観改善のための植樹もあり、生態系が維持されていると考える。
・場内樹林は、放置スギ林などに比べて多種多様な動植物が生息している。
・残置樹林帯は枯木を処理し、密集枝を剪定するなど樹木保護に努めている。
・芝生には様々な環境保全効果が認められている。
・居住区や耕作区よりも生態系のバランスの良いのがゴルフ場だと思っている。
・今後も、自然環境の維持・改善に向けて努力していきたい。
・ゴルフ場の環境効果に同感であるが、一般市民の評価は今一つ低いと感じる。

・ゴルフ場と自然環境保全、ゴルフ場側の一方的な評価のような感じがしている。

＜東北地区＞

・殺菌剤や殺虫剤は部分的使用に努め、生物環境への影響を小さくしている。

・樹林を手入れすることによって生態系の維持に努めている。

・都市化が進むエリアでは、ゴルフ場は里山の自然を残しているオアシスだと思う。

・当コースは市内のゴルフ場と言える立地環境ですが、カモシカやキツネ等の貴重なすみかとなっており、食べ物も多く小さな楽園になっている。

＜北海道地区＞

・これからは、ゴルフ場と自治体などとの連携が必要となってくる。

・従業員の労働環境を守ることで手一杯で、環境保全など考える余裕はございません。

・池・水路の保全、外来種駆除（除草)、間伐・枝打ち等の樹木整備が必要である。

・効率的な薬剤散布や非農薬資材の使用で、生態系に配慮していかなければならない。

・現時点で充分な配慮を心掛けているが、メセナ的な営業は難しいと思う。

・動物や鳥類、昆虫などの生息域を提供していると理解しているが、その改善・向上への役割に関して意識したことがない。

・北海道という土地柄、野生動物の排除は最低限必要です（維持するため）。
・近隣の農家への影響を軽減しつつ、維持管理を行っています。
・ゴルフ場が植物と動物を含めて生態系に悪影響を及ぼしているとは思いません‼
・ゴルフ場内の植物も動物類も増えている‼

第 4 部

日本の環境資源としてのゴルフ場の未来

第14章

ゴルフ場の地場産業としての存在意義

1．ゴルフ場事業は農林ビジネスなのか

ゴルフ場緑地は、ゴルフをする人々に望ましい芝生と修景を提供することを目的に人工的に造られ、永年的に維持管理されている施設です。それでは、ゴルフ場施設の運営とはどのような経済的行為なのでしょうか。確かにゴルフアーから施設の入場料・使用料（プレー料金）を得る娯楽施設やスポーツ施設と見ることができますが、果たして日本のゴルフ場ビジネスは商業なのでしょうか。土地利用からするとスポーツ施設地に分類されますが、その営造物・工作物は基本的に芝生と樹林が占めています。芝草は農産物であり、農水省に品種登録されているものもあります。樹林の構成樹種も自然のものはほとんどなく農林用語で言うところの樹芸種（有用樹木）に分類されたものが大半です。また、ゴルフ場施設ができる前の土地の多くは農用林野や農地などに利用されていた所です。すなわち、日本のゴルフ場事業は、提供される生産物とサービスからすると、明らかに農業と林業と同じ産業に分類されるということです。農耕地、森林、非農耕地などの土地利用区分によっても、ゴルフ場の芝地は異なる種類の芝草を永年的に維持管理されている農耕地と言えますし、残置林（残置森林）も手入れされたれっきとした森林です。実際、農水省は、芝草（芝生）を花卉・花木・飼料作物など同様に非食用作物として扱っていますし、スギ・

ヒノキ・マツをはじめ庭園樹や緑化樹も林産物（林業作物）として分類しています。さらに、芝生や樹木に使われる化学薬剤や化学肥料などは、農薬取締法や肥料取締法によって農水省で認可・登録された資材しか使えません。このように、ゴルフ場緑地は、農林行政が直接関与していることが多く、その管理技術も農学、園芸学、林学など戦後の農業科学が基盤となっています。したがって、戦後に建設されたゴルフ場緑地は、既存の農業資源を活用した新しい農林ビジネスモデルであったと言えるのです。そして、この農林ビジネスは、地域の経済活動に悪い影響を及ぼす負の外部性もなく、存在自体が地域の経済活動に良い影響を及ぼす正の外部性が高かったことから、政府の補助を受けることなく全国に広まったのです。

2．ゴルフ場緑地の外部経済効果とは

ゴルフ場は地域の土地資源を使用し事業を行うことが本来の目的です。これを「直接使用価値」と呼び、営業所得と資産形成を行うための緑地施設を造り、これを維持・改善する専門技術者組織と運営組織機能を持って事業を行っています。そして、この事業活動によって地域に様々な外部経済効果をもたらしています。外部経済効果とは、社会的には価値を有していながら市場ではその価値が取引されることのない財やサービスのことを言います。ゴルフ場緑地の存在は、地域に様々な公益的価値や機能をもたらしていますが、それらに対して地域から何らの対価を受けることはありません。一般に、環境に関わる外部経済効果の多くは内部化（市場取引の対象にすること）が困難と言われてきました。しかし、今日の経済界には、良質の環境便益の提供に大きなコストがかかる時代になったことから、その価値の一部を市場のメカニズムの中に取り込むことが容認される環境になっています。振り返ってみるとゴルフ場は、地域環境政策の上では常に破壊・汚染者負担の原則を適用される側に立たされてきましたが、実際、

地域内に存在するゴルフ場緑地の集まりは、農林業と同様、いや、それ以上の外部経済効果を地域にもたらしています。この無償の価値をこれから先、地域環境の不確実な変化に適応していくためにどのように活かせるのか、ゴルフ場運営関係者、ゴルファー、ゴルフ関連業界のみならず地域社会全体で考えることが期待されます。

次に地域にとってゴルフ場はどのような価値を生むのかを具体的に考えてみましょう。ゴルフ場は前述の土地の「使用価値」に加え、以下のような地域に存在することによって生まれる「存在価値」と呼ばれるものがあります。

- 租税公課（固定資産税・事業所税など市町村税・消費税・ゴルフ場利用税）
- 賃貸・借地料
- 雇用
- 地域経済への寄与
- 地域雇用環境の改善
- 地域文化・遺産の伝承
- ゴルファーによる地域貢献
- 地域ブランドの向上

3．ゴルフ場が持つ「オプション価値」

ゴルフ場には、第三者が無償で享受し得る間接使用価値、すなわち、必要に応じて提供可能なポテンシャルとしての「オプション価値」もあります。地域社会の求めに応じてその環境の向上や保全、リスク回避に寄与できる価値で、防災・減災・縮災、自然環境劣化の軽減、生物多様性低下の埋め合わせ、二酸化炭素の排出量の削減、自然保護・再生事業、緑のオープンスペースといった類のものです。具体的には次のようなものが挙げられるでしょう。

・災害避難施設、林間学校、保養施設、緑地管理センター、自然公園・博物館施設
・炭素クレジットの発行、生物多様性バンキング、CSR（企業の社会的責任）の代替
・専門技術者の派遣、緑地の指定管理団体、管理機器のリース、管理資材の調達
・技術講習・設計監理・コンサルタント
・生態系調査、環境影響調査、水質検査、気象調査
・芝生ソッド・樹木種苗・地域特産物・林産物・飼料作物・木質燃料の生産
・自生種・希少種の保全・育成、鳥類繁殖促進
・地域農家・コミュニティーとの連携・協働
・生物多様性の改善と生態系サービスの向上に関わる地域プロジェクト

このようなオプション価値は、創発的行動と呼ばれるネットワーク化で創り出される新しい機能によって生まれるもので、地域のゴルフ場がネットワークを形成することによって初めて実現可能になります。地域の持続にとって極めて重要な未使用価値であり、それらの一つ一つを内部化（市場取引の対象にすること）していくには、個々のゴルフ場の単独の取り組みではなく、地域レベルまたは全国レベルでプロジェクト化、すなわち創発的行動が必要となります。

余談ですが、これに関連して思い出すのは、かつて、ニューヨーク州のゴルフ場スーパーインテンデント（25のゴルフ場の全体の管理指導者）を日本に招聘し講演してもらったときのことです。講演は東京、大阪、福岡で参加グリーンキーパー総数約500人という規模で開催されました。印象に残ったことは、ニューヨーク州（メトロポリタン地域）という地域規

模で、ゴルフ場の芝生面積を可能な限り小さくし樹林面積を広げることが標準化されているということ、そして、緑地公園をはじめ地域の樹林の育成や湖沼の管理にも直接関与しているという話です（水資源・肥料・燃料の節減のため）。残念なことに、私も含めて参加者のほとんどはその背景や目的を深く理解することはありませんでしたが。

第15章

地域のグリーンインフラとゴルフ場

1．グリーンインフラとは

緑地生態系サービス機能を活用したインフラストラクチャーをグリーンインフラ（以下 GI と省略）と言います。近年、よく使われる言葉です。発祥地の欧米では、生活圏の緑地の環境的意義を科学的に理解することによってその価値を知り、磨き、活かすという発想を持ち、この行為を継承していくことに基軸を置いています。米国環境保護庁（EPA）の GI は、植生や土壌の自然のプロセスを用いて水管理を行い健全な地域環境を創出することを目的として、洪水防止、大気・水質を浄化してくれる各種の緑地エリアを連結させ、住宅地など近隣営造物地にも水を吸収し・貯留の努力を要求する地域の雨水管理システムづくりを行っています。欧州環境庁（EEA）においては、地域の生態系サービスを享受するために、管理されているすべての緑地環境エリアをつなぎ、自然の持つ防災・減災機能をはじとする様々な機能を地域づくりに活かしています。また、中国においては、習主席の「海綿都市」構想によって、降雨を保持・貯留しそれを適切に放出するシステムを各都市に構築しようという壮大な試みが進められています。これらに共通することは、持続可能な資源管理に向けて、ブラウン（茶色）やグレー（灰色）のインフラと呼ばれる人工系サービスから、グリーンのインフラと呼ぶ生態系サービスの活用へと転換しようとしているところです。

GI のもたらす価値として忘れてはならない重要なことは、現世代だけでなく次世代に受け継がれるものであることで、これは「遺贈価値」と呼ばれます。この遺贈されなければならない価値とは次のようなことです。

・健全な表土の保全と形成

・健全な植生の保全と改善

・健全な水循環の改善と向上

・健全な生態系の維持・向上

・適切な緑地の管理技術・知識・文化の保持・継承

日本の里山・里地、ゴルフ場がこれらの事項とどう関わっているかについては、第2部をご参照ください。

2．地域で進行するグリーンインフラの変質

日本列島は大半を山地が占め、アジアモンスーン気候の湿潤変動帯の環境下にあることで、人々は周辺に緑が豊富なことに慣れっこになっています。しかし、そこにはこの農業不適地の日本で豊かに暮らすための土地と植物資源の利用に対して、私たちの祖先の大変な知恵と労力が注ぎ込まれてきたのです。一方、そのことをほとんど知る機会がない現代の日本人は、たった数十年もの間に、土地や植物資源が無秩序に改変・放棄されることに平気になり、この文化（？）がこれから先何を生むのかの意識も欠いています。このように日本の GI の現状は、活用されるどころか失われる方向に向かっています。

周知のように、人口増加期には農地や林地を宅地や工業団地にという開発型の土地変更が主流でしたが、人口減少期となった今日では、逆に自然回帰型への変更が求められています。しかし、日本にはまだ自然回帰を推進する土地利用制度（自然再生推進法とは異なります）はなく、土地の利

用施業が失われると安易に転用・改変されるか、放置されて荒廃するかのどちらかになる現状は深刻です。政府も GI を唱えはしていますが、森林の環境機能を並べ立て市民や企業から森林税や森林環境税（名称はいろいろ）を徴税することでは、GI の改善や維持はもちろんのこと劣化を止める根本的な方策にはなりません。また、地方都市のコンパクト＆ネットワーク政策にも GI とは関連性は見えてきません。

転用と管理放棄によって緑地の崩壊とそれによる生態系サービス機能喪失の大きな波は、ゴルフ場をも巻き込んでいます。一つはメガソーラー（大規模太陽光発電施設）の建設であり、廃業したゴルフ場の緑地跡でどんどん進んでいます。もう一つは利用・管理を放棄した土地における雑草木の蔓延で、その土地の劣化だけではなくゴルフ場など周辺緑地の植物相が悪影響を受けているという実態です。以下に、この二つについて解説します。

3．ゴルフ場緑地がメガソーラー施設に

旅に出ると航空機の窓からあるいは車窓から、緑の山並みの中に突如として大面積の銀色に光る部分を最近よく目にするようになりました。ショッキングで異様な光景です。日常的に接する物体ではないので普通の生活者にとって実態は捉えにくいのですが。国立環境研究所気候変動適応センターと生物・生態系環境研究センターの合同研究によって二次林や人工林、畑、草原、水田など地域の里山の自然に該当するエリア（元ゴルフ場も含まれます）がメガソーラー施設に置き換わっていることが明らかにされました。また、驚くべきことに、鳥獣保護区や国立公園といった自然環境の重要性が認識されている所でも計 35 km^2 の土地が 1,027 のメガソーラー施設に利用されているということです。

なぜこれが大問題なのか、それは脱炭素社会に向けての政府の施策がその目的とは真逆の結果を招いていることです。すなわち、地球環境を守ろ

うとする行動が国土の自然環境の破壊を助長しているという矛盾した行為となっているのです。言うまでもありませんが、メガソーラー施設の造成は、土地の改変だけでなく、広範囲の森林伐採と大規模な盛土が伴います。政府は、太陽光発電のさらなる大量導入を計画していますが、それに必要な面積は58万haとも61万haとも言われています。

山間のメガソーラーは、ゴルフ場と似たような立地と位置に建設されているのが目につきます（グラビア-13参照）。これは、廃業ゴルフ場の多くがメガソーラーに転用されているからです。転売できることが廃業を促進しているという面もあるかもしれません。ゴルフ場がどの程度メガソーラーに替わってしまったか実数はつかみにくいのですが、計画も含めて2019年の情報としてゴルフ場跡地での既設は146か所、また別の情報では2021年までに予定も含め136件（廃業数の約半数）となっています。総じて明らかなのは、電力会社の認可が下りない、近隣住民の反対、売電価格の下落などで、ここ数年は設置自体が減少しているらしいということです。また、ゴルフ場跡地での設置後の稼働率は60％程度と低いようです。とはいえ、設置後の放棄や建設が見送られ放任地になれば、それはそれで大きな問題を生じます。瞬く間に巨大な雑草地になり、周囲に様々な環境被害を与えるからです。著者は稼働中の太陽光発電の関係者から雑草対策についての相談をたびたび受けており、稼働状態のものでもその予兆は十分あります（図4－1）。

メガソーラー設置事業の今後の展望は不透明ですが、多くは大企業資本や銀行資本が加わり投資の対象となっています。このことは、地元とは直接的に関係のない人々が利益を得、地元はグリーンインフラの破壊と自然環境の劣化などマイナス面だけが押し付けられることを意味しています。植物生態学の分野では植物群落が年月とともに交代して最後に落ち着く植生を「極相」と言います。もし、芝地や樹林などの植生の極相が「パネル

図4－1　太陽光発電敷地内に繁茂する雑草
（多年草を中心にあらゆる種類が発生する。つる性雑草のよじ登りも多い）

林」になってしまったら、そのとき里山は、春来れども鳥鳴かずの「沈黙の春」の世界なのかもしれません。こうならないことを望みますが、この国土地理院の地図記号（風力発電には記号があります）もなく地図上に位置表示のない巨大な施設を誰が監視するのでしょうか。

4．植生管理不作為で止まらない雑草の蔓延

グリーンインフラの劣化とは、端的に言うとその場所が大型の雑草の蔓延（ときには雑草木の混入も）によって、管理も困難なような手の付けられない植生になっていくことです。雑草（Weed）と呼ばれるこの侵略的植物群は、農業をはじめ様々な産業において、「人間が生活圏の環境をつくり替え維持することにより初めて生まれるもので、非意図的に発生・生育し、人々の活動・健康・安全を直接・間接を問わず脅かす集団」です。

土地造成後の雑草管理を怠ると二次遷移が進行し、最初は一・二年生雑草の繁殖、続いて多年生雑草の侵入・繁茂、数年で木本あるいはクズが侵入します。農地については、この前期段階を耕作放棄地と呼び、木本化が進むと荒廃農地と分類され、それぞれ40万haを超える勢いで広がっています。遷移が進行すると木本種が侵入することから、しばしば森に返す

とか森林に戻すとか言われますが、そのようなことは起こりません。単に荒廃した土地が生まれているだけです。

では、同じ緑であるのに、なぜ雑草による被覆は問題なのでしょうか。芝や樹林と比較すれば一目瞭然ですが、まず、景観が良くないこと、植生に持続性がないことが挙げられます。しかし、もっと深刻な問題は周辺の植生や人間に被害を及ぼすことです。農村地帯の耕作放棄地・水路・農道のり面、鉄道・道路敷、都市・市街地の未利用空地と様々な管理放棄地や低管理地に共通しているのは、そこが大型多年生雑草に覆われていることです。とくにセイタカアワダチソウ、ススキ、クズ、メリケンカルカヤなどは土地利用の種類を問わず北海道を除く日本全国どこでも目にします。これらの雑草の拡散・侵略力がどれほど強力かということです。周囲を山林に囲まれたゴルフ場においても、非管理地は必ずと言ってよいほどこれらの群落が見られます（第11章図3-4をご覧ください）。ゴルフ場は被害者側ですが、いずれにせよ、多様な土地利用者が協働して対策に当たる以外にありません。

土地の雑草放置は、国外では米国の有害雑草法（Noxious Weed Act）や英国の雑草法（Weed Act）など、100年以上前から法律・制度によって規制されています。日本もようやく2022年、第208回通常国会で植物防疫法の改正が可決され、法律上駆除・蔓延防止の対象に雑草が含まれることになりました。日本では土地所有と利用の公共的見地から所有者への制限や義務は長年の課題でしたが、この法律によって、地域の土地・植生を健全に維持していくための土地の所有と管理方法に道が開けるかもしれません。例えば、土地の所有者への雑草管理の義務化や雑草管理放棄地への課税、雑草木の蔓延する所有者不明土地などは自治体等の管理下に置くことや公有地化などが考えられます。

雑草対策も含め次世代に引き継ぐ豊かな自然のストック形成には、税制と事業評価手法の再設計が必要となります。土地利用関連税制のグリーン化と呼ばれる、低炭素で継承可能な質の高い緑のストック形成への優遇税制の適用です。適用基準は明快です。①緑地面積（または透水性表土面積）の大きさ、②管理された被覆植物（芝生など）面積、③管理された樹木（樹林）面積または本数、④管理された水系、以上の 4 項目が永年的に維持されている緑地に対して減免の対象とするものです。そして、そこに従事する人たちも同様に減免するものです。加えて、欧米に見習い、雑草の放置には土地の所有者や占有者に罰則を設けることも必要です（2022 年より、有害雑草の放置への罰則は都道府県知事の役務となりました）。地方自治体財政の自主財源のうち約 4 割が固定資産税収入であることは承知しています。ゴルフ場利用税も森林環境税も貴重な財源でしょうが、自然資源ストック形成に寄与する使い方もあってよいのではないでしょうか。

第16章

気候変動対策とゴルフ場の役割

1．気候変動対策へのグローバルな動き

グローバル化の進展によって、各国の自然環境に関わる事業は、農業、林業、畜産業、園芸業、造園業、建設業、インフラ事業、そして自動車などハイテク分野に至るまで、「地球に優しい技術・製品・サービスの開発競争」から「そもそも地球に優しい技術・製品・サービスとは何かをめぐっての戦い」の段階へと移りつつあります。そして、どのような事業であれ、'議論に参加し、ルールづくりに関与しなければ、持続可能性基準を持たないと評価されるリスクを負う'状況になってきました。

国際的な枠組みを見ると、今や農業が脱炭素の主戦場になりつつあります。欧州連合（EU）は農業の脱炭素を促すため炭素貯留農業（カーボンファーミング）の法制化に入っています。これまでは食料供給の優先（食料安全保障）から農業を温室効果ガスの排出削減の対象外としてきました。欧州委員会は2026年以降、農地や森林などの土地利用について加盟国別に排出削減（吸収）目標を設定し、土壌に貯留する炭素量を測定・監視する枠組みを整えるため炭素除去認証に関わる法案を提示するとしています。そして、農家の脱炭素のインセンティブとして炭素貯留農業で得た炭素クレジットを民間の自主市場で売却できるとしています。米国は、21世紀に入り不耕起栽培などの普及によって、より多くの炭素を有機物とし

て土壌中に貯留できる農業に移行しています。米バイデン政権もカバークロップ（被覆作物）の導入に取り組む農家への補助金支給を拡大するために気候変動対策予算を当てる方針です。このように食料供給が優先だった農地や農業にまで気候変動対策が切り込まれてきているのが現状です。

産業・経済界においても同様です。世界の流れは、実効性を高めるために義務化と正確性の確保に向かっているのです。炭素会計で企業は温暖化ガス（GHG）排出量を算出し、削減することが求められています。企業はこの目に見えないGHG排出量を一定の基準で見える化し、減らしていかなければなりません。今のところ大企業は国際基準を参考に、排出量を「スコープ1：自社の事業から直接出るもの」、「スコープ2：自社が使う電気から出るもの」、「スコープ3：自社のサプライチェーンから排出されるも」の3つに区分けして算出します。このうち「スコープ3」は算定が難しいものの、投資家の目に曝されない中小企業などが出量削減を進める動機づけになるとされています。「気候関連財務情報開示タスクフォース（TCFD）」は、2017年にパリ協定の目標実現に向けて、気候変動が財務に与える影響を分析・開示するよう企業に求める報告書を出しています。

2．地方社会に求められている対応

さて、日本ではどのような枠組みをもって対応しようとしているのでしょうか。日本の憲法には環境条項がありません。そのため環境に関わる国際条約や協定を締結するたびに国内法を定めるやり方を取っています。2018年6月には国会で気候変動適応を目的とした法律が成立し、同年12月に施行されました。世界で初となる「気候変動適応法」という自慢の法律で、条文の概要は以下の通りです。

①目的は、気候変動適応の推進により、現在および将来の国民の健康で文化的な生活の確保に寄与すること。

②気候変動適応は、国、地方公共団体、事業者、国民すべてが取り組むものとして、それぞれの役割を明確にした。とくに、地方公共団体の役割が重視され、国はそのために気候変動適応計画の策定、科学技術情報の提供などを行う。

③気候の将来予想が持つ不確実性に対して順応的に対処するため、おおむね５年おきに影響評価を行い気候変動適応計画の改定を行う。

④都道府県市町村は「地域気候変動適応センター」の設置に努める。

さて、以上から分かることは何でしょうか。明白に読み取れるのは地方単位とくに地方公共団体で何とかしなさいということですが、その一方で気候変動対策をどう捉えるか、具体的何をすべきかは明らかにされていません。

気候変動対策は今世紀最大の世界の関心事である‘グローバル’問題であると同時に、各国が地域（‘ローカル’）問題として取り組むことが国際的に義務づけられています。つまり、気候変動適応法に見られるような国の政策の不明瞭さはさておき、各地域としては早急に対応することが迫られている問題なのです。温暖化対策の主軸は炭酸ガス収支をゼロエミッションに近づけていくことですが、それには、炭素の貯留を増やすことと排出を削減することの二つの面があります。炭素の排出権や排出量の売買問題でごたごたしている中、世界の人々の関心は、最も持続性が高く人にも優しい方法、健康なみどり環境（表土・水・植生）を維持し炭素の貯留量を増やすこと、そしてその機能を持つ緑の破壊を規制することに向かっています。しかし、日本国内において、これに逆行することは目についても、同調している様子はうかがえません。いずれにしろ、地域としては対策が迫られているのは現実で、このような背景の中、ゴルフ場に何ができるのかを、次節で検討したいと思います。

3．ゴルフ場にできることは

地域の土地利用を見ると、森林、農地（水田・畑地・果樹園・茶園・野菜施設など）、寺社林、自然公園、事業用地、住宅地、そして様々な公共的インフラなどモザイク状に広がっています。飛行機の窓からよく見られる光景ですが、鳥瞰すると各々が緑でつながっているのが分かります。その中にはゴルフ場も点在します。この中でゴルフ場の特徴を考えてみると、個々がある程度まとまった面積として存在していること、植生の種類が芝生と山林樹木であること、専門的な植生管理者で手入れされていることです。他の土地利用区分には相互にこのような共通点はありません。つまり、ここで言いたいのは、ゴルフ場は、少なくとも地域の緑地維持という公益的な目標達成においては、ネットワークを組み知識・技術を標準化できるポテンシャルを持つ事業体だということです。

誤解されると困るのですが、これは、本来の経営目的の達成にさえ苦労をされているゴルフ場に、新たな仕事を加えてほしいという話では全くありません。気候変動対策というのは地域の大きなプロジェクトですから、当たり前のことながら、その核になるのはあくまで行政機関です。しかし、そこにはその計画と実施に必要な専門性もネットワークも備わっているとは思えません。行政の役割は、その貴重なポテンシャルを持つゴルフ場の集団が、地域全体の持続可能な緑の維持へ協力できるような施策を取ることにあります。ゴルフ場ネットワークが地域緑地（生産緑地・公共緑地・特殊緑地・自然緑地）の関係者と共に、環境被害の実態と植被管理の重要性を共有して活動できるようにするのです。このことによって、政策担当者、土地利用・所有者、市民・住民などを含む地域的な認識共同体が構築され、それぞれの立ち位置の違いを認めながら協働する契機になるでしょう。

最後に、地域での炭素の貯留と排出の観点から述べておきたいことがあります。前章で明らかにしたように、廃業ゴルフ場跡地には次々とメガソーラーの建設が進んでいます。この事業に、国は積極的に財政的補助を行っていますが環境保全からの規制は一切加えていません。このことが里山におけるとどまることのないメガソーラー侵略の原因になっています。炭素の貯留庫である表土と貯留体である植生を破壊した場所に自然エネルギー代替施設を造ることが、果たして国策としてまともなことなのか、読者の皆さんもぜひお考えください。次世代にわたって緑地を伝承していくためにゴルフ場が存続し続ける重要性を強く感じるところです。

第17章

ゴルフ場活用に向けてのビジネスモデルづくり

1. ゴルフ場活用の方向性について

日本のゴルフ場の利用歴をたどってみると、神戸の外国人貿易商が故郷の遊びを懐かしむため、欧米文化享受のため、駐留米軍将校のレクリエーションのため、社会的特権享受のため、社交・接待のため、地域振興のため、国民が気軽に楽しめるレジャーのためへと、時代とともに変化してきています。そうはいっても変わらないのは、どのゴルフ場もゴルフをしたい人だけに解放されている施設であるということです。ゴルフ場ビジネスは‘ハコモノ商売’といわれるように、ホテルなどと同様に一日の利用人数に上限がある中でいかに入場者数を増やすかの営業です。そしてゴルフ場施設は入場者の有無に関わらず利用者が満足する一定の水準を維持しておかなければなりません。かつては入場者数も多く（キャンセル待ちという予約もあるほど）、債権の売買と名義変更に伴う収入などがあったことから、施設管理に関わる技術と人材の確保そして資材・機器の調達などは、個々のゴルフ場ごとに行われてきました。しかし、現在は、多くのゴルフ場で利用者が最盛期より減少している中で主な収入をそのプレー費頼みとなり、緑地管理者の確保が困難など将来を見通しにくい状況に曝されています。このことは、個々のゴルフ場が同じビジネスモデルで競い合うという時代から、新しいモデルへの発想転換が求められていることを示唆しています。

第４部第１章では、ゴルフ場には３つの異なったカテゴリーの価値が存在することを紹介しました。「直接使用価値」、「存在価値」および「オプション価値」です。また、第４部第２章では、ゴルフ場緑地がかけがいのない地域のグリーンインフラであることを明らかにしました。これらをもとに将来を考えるとき、３つの価値の土台になっている「緑地」の健全な維持を確実にする（現在は劣化の危機にある）事業形態と、「緑地」という資産の未利用価値を活用するための新しいビジネスの重要性が分かります。そこで、以下に著者らが現在の知識の範囲で提案できそうなゴルフ場のビジネスモデルについて述べてみます。

２．緑地管理ビジネス

日本における緑地管理のビジネスは、「何をするか」と「いかに完成させるか」に働く目標達成型の仕様規定から始まる世界であり、出来高払いが一般的です。一方、諸外国の緑地管理ビジネスは「何のためか」と「いかに進めるか」に働く目標追求型で機能規定から始まるのが普通です。この日本型のビジネス慣行は、ゴルフ場だけではなく全国的な人手不足や現職の高齢化と後継者のなり手がないことから危機的状況を生んでいます（第３部のグリーンキーパーへのアンケート参照）。これに加えて温暖化や地域の植生管理放棄に伴う場内の生物害の増大および多様化への対応が拍車をかけています。人手不足を外部委託（コースへの薬剤散布、樹木の管理など）で補っているゴルフ場も少なくありませんが、対症療法的であり将来への展望に欠けています。このように、個々のゴルフ場の努力で解決する問題の域を超えており、抜本的な対策が不可欠な状況にまで進んでしまっています。

それでは、ゴルフ場の緑地管理を目標達成型から目標追求型へ移行することによって何が生まれるのでしょう。一言で言えば、個別に行われてきた管理目標を標準化するというビジネスツールを使うことによって、市場・雇用の拡大とコストダウンが図れます。つまり、それぞれが目標の達成で競うことをやめることで、標準化されない部分での利益を最大化することです。そのためには、域内のゴルフ場がネットワークを組み、例えば次のような区分設定で標準化した管理目標を、特定のチーム（組織）が専門的に取り組む形が求められるでしょう。

1）保存的緑地部分：利用対象植生に手を加えない。

2）保護的緑地部分：利用対象植生にマイナスとなるものに対して、その原因を取り除く。

3）保全的緑地部分：利用対象植生に対して必要に応じて積極的に手を入れる。

4）改良的緑地部分：利用対象植生を回復させるため積極的に人為的行為を行う。

5）再生的管理部分：利用対象植生を機能的に同じものに置き換える。

このように整理すると、それぞれの部分の規模と要求機能が明確になります。まず第一歩は、この要求機能について「何をするのか」ではなく、「何のために」の観点から見直すことです。そして、「いかに進めていくか」の方針を立て共有していく過程が極めて重要になります。このことを通じて、それぞれの標準化していく部分を専門に引き受ける特定ゴルフ場が生まれ、管理区分への技術の集中と育成が域内ゴルフ場全体に及ぶコストダウンに結びつくことになります。、このような目標追求型の緑地管理手法はゴルフ場緑地関係者以外にも波及し、地域の「雑草管理」、「芝生管理」、「樹木管理」などの分野において、新たな専門家集団や事業を誕生させるきっかけになるでしょう。

3．炭素クレジットビジネス

炭素クレジットとは、CO_2の排出削減量や吸収量を排出権（クレジット）として発行し売買の対象とすることを言います。日本政府が掲げる「2050年カーボンニュートラル（温室効果ガス排出実績ゼロ）」の達成に向けて、農林水産分野においても脱炭素化が求められるようになりました。これを受けて農水省は、農林水産業からのCO_2排出量ゼロや環境保全型農業を目指すとして、「みどりの食料システム戦略」実現に向けての目標を公表しています。詳細は省きますが、ここで言う農業の脱炭素の目標は、段階的に燃料や化学肥料などの使用量を減らすことが主眼となっており、国際的に目指すCO_2の吸収と貯留の推進についてはほとんど触れられていません。この様子では、日本の農業が炭素クレジットを発行できるようになるには、まだまだ先のことだと思えます。

さて、著者の知る限りですが、現在、地域社会で炭素クレジットを発行することが可能な産業はその規模においてゴルフ場緑地産業しかありません。個々のゴルフ場においては、ターフコンポスト製造設備や大型チッパーによる緑地排出物を肥料・堆肥・マルチ材利用するなど、すでにCO_2の排出削減への取り組みが見られます。今後、炭素クレジットの発行に向けて、市町村あるいは都道府県単位でのゴルフ場ネットワークが進めば、ゴルフ場緑地のCO_2削減量のみならず吸収・貯留量を削減効果として見える化（貨幣価値換算）することができるのです。国際的には当たり前のビジネスです。

もう一つゴルフ場緑地のネットワークによって生み出せる価値があります。生物多様性オフセット・バンキング制度と呼ばれているもので、この制度は、土地所有者（ゴルフ場）が生み出した自然的価値について政府の認証を受け、生物多様性に負の影響を与えた事業者へその代償（オフセット・バンキング）として販売ができるというものです。ヨーロッパ各国では普及している制度です。炭素クレジットや生物多様性の見える化は、その気になればできるビッグビジネスなのです。買い手が多いことの良し悪しは別として、ゴルフ場のこれらの環境クレジットには多くの購入希望者が手を挙げるでしょう。

4．地域活性化・レジャービジネス

ゴルフ場事業者団体（日本ゴルフ場経営者協会・日本ゴルフ場支配人会連合会）提供資料を見ると、ゴルフの普及のために多様な活動が全国的に広げられていることが分かります。まずは地域の幼稚園・小学校・中学校・高校のジュニア層を対象にした活動で、クラブ活動をはじめ行事・大会、そして課外授業・教室など、広い教育現場にわたってゴルフ場機能の提供が行われていることです。次に、競技大会についても、町・市・県民ゴルフ大会、地域異業種交流大会、マレットゴルフ大会、ブラインドゴルフ大会、スペシャルオリンピックス（知的障がい者）ゴルフ大会、スナッグゴルフ大会、老人会パター大会、クロスカントリー大会など、多彩な大会が開催されています。加えて、ゴルフ場施設の開放・利用においては、ここに紹介できないのが残念なほど、音楽演奏会、デイナーやクリスマスパーテイー、アート展など、驚くほど多彩でユニークなイベントへのコースの開放が行われています。観光プロモーション、会議室の提供、浴場・温泉の開放、ドクターヘリの離着陸場など地元への貢献も様々あります。

このようにゴルフ場事業者団体が地域社会への貢献に苦心されている背景には、ゴルフ人口の減少という面もありますが（ゴルフ利用者が減ればゴルフ場の維持が困難)、ゴルフ場がお金持ちなど一部の人々の娯楽の場所ではなく、多くの人たちが楽しめる健全なスポーツの場であることを願っての活動なのです。しかし、これらの活動は、ボランティア的で地域サービス的な要素が大きく、それはそれで素晴らしいことですが、ビジネスとして見るとゴルフ場の「オプション価値」の活用としては十分とは言えません。

日本のゴルフ場緑地の特筆すべき点は、自然環境を同じくするエリアに集団的に存在し、このようなエリアが気候の異なる列島の隅々に広がっていることです。狭い空間や範囲で自然を愛でる日本の伝統からすると、この価値を直ちに受け入れることは難しいことかもしれません。しかし、自然景観を背景にした日本のゴルフ場緑地は、アメリカ人は言うまでもなく、ヨーロッパ人から見ても驚くほど美しいと思われているのです。この日本固有の自然生態系や歴史・文化を思い至らせるゴルフ場巡りは、ゴルファーのみならずエコ・ツーリストの人気を呼び起こすでしょう。ゴルフ場文化村や里山ゴルフ場ビレッジも誕生するかもしれません。

5．実現に向けての体制づくりについて

ゴルフ場には、儲かっている所やそうでない所、管理予算が潤沢であるのとそうでないなど、営業と管理技術のレベルには大きなばらつきが見られます。このため、ゴルフ場が地域文化を継承する主役として挑戦するには、ゴルフ場間でネットワークを形成し機能させることが第一歩となります。そして、このネットワークの目的は、狭い専門性や個々の事業体の都合によってばらばらに行われてきた活動を整理し、地域に社会経済的効率の改善をもたらすことができる‘仕組み’と‘組織’づくりです。重要なことは、この策定過程において地域に散在する人的資源を活用することにあります。地域には、農業試験場や大学などの研究・教育機関があり、そこには、多様な人材が活躍しています。もちろん、農業をはじめ多様な事業者も活動しています。確かなことは、地域のゴルフ場ネットワークが目指す方向が見える化されることによって、これらの人たちの協力が得られ

ることです。このことに加えて、管理資材・機器情報提供者、管理サービス提供者、技術・学術専門家などが積極的に参画してくることになります。ゴルフ場は地域の自然資源を基盤として営業していますが、「地域の活性化」の目的の下に協働し、自治体との連携ができさえすれば、その効果は最大化されるでしょう。

またもや米国の話になりますが、一人で資材・機器を搭載した大型トラックを運転し、数十か所のゴルフ場を回り技術的なサポートを行う事業者や、二十数か所近くの地域ゴルフ場を一人で代表し、指針づくりや教育を担うスーパーインテンデントなど、多彩な人々が存在します。このような人材の活躍が成り立っているのには、ゴルフ場ビジネスと技術情報に関わる人たちが全米ゴルフ協会（USGA）の専門家だけではなく、米国農務省（USDA）、大学（農学部・工学部）、州立農園芸試験場・普及所、米国環境保護庁（EPA）・州環境保護庁（カリフォルニアEPAが有名です）などの科学者、もちろん資材・機器製造・販売企業の技術者、そしてジャーナリストまで広範な人々のサポートが得られることにあります。この背景には、ゴルフ場が重要な環境資産であることが理解されていることにあります。もう一つ、ゴルフ場をはじめスポーツ施設は自治体が公共施設として建設・所有するものが多いことです（運営は別が普通）。これはスポーツ施設を社会資本でありイノベーションの創出や社会課題解決のためのプラットホームと考えているからです。このため、ショッピングやレジャーなど商業施設だけでなく、役所などの行政施設も併設されている所もあります。

最後に、実現に向けての財源について、著者の思うところを若干述べたいと思います。それはゴルフ場利用税（詳細は第5章参照）のことです。消費税との二重課税であり、ゴルフ場利用者の現状にも即していないことから廃止が叫ばれて久しいのですが、地方自治体が手放したくない収入源のため未だに実現していません（ちなみに、利用税廃止反対運動の急先鋒は地方自治体の首長会)。しかし、継続するならそれは住民への一般サービスではなく、ゴルフ場と一体となった地域の緑地環境保全に投入されるべきです。気候変動適応法が地方行政に投げられている今日、なおさらのことと思えます。

6．ゴルフ場の 2050 年は

国の政策の一つである「環境基本計画」では、農業や林業は、自然の物質循環を活用した産業であり、その適切な活動を通じて環境保全能力が維持される役割を持つとされ、自治体を中心に具体的な諸施策の展開が求められています。しかし、現状は荒廃農地（遊休農地）が 28.2 万 ha（2020 年農水省）であり、耕作地の放棄・荒廃化は、ゴルフ場総面積を超える勢いで進んでいます。また、人工林の約 1,000 万 ha が施業放棄林と推定され、このうちの約 7 割は拡大造林政策で植栽されたスギ林とヒノキ林です (2018 年全国人工林調査)。言うまでもありませんが、地域のゴルフ場は自然の物質循環を適切に活用し経済生産と環境保全を両立させている持続可能なれっきとした地場産業として経営されています。これから先、地域のために個々のゴルフ場が創発的に活動する（共通目的達成のために協働する）ことができれば、自然資産の存続だけでなく新しい経済効果が生まれ、地域ゴルフチームが生まれリーグ戦やラリー戦も開かれる時代が来るかもしれません。そうなれば、ゴルフ場はゴルフをする人もしない人もともに楽しめるゴルフパークに変わるでしょう。そして日本のゴルフスポーツ施設からは、クロスカントリーゴルフ、スピードゴルフ、ツアーゴルフなど、よその国ではなかなかできない競技も生まれるかもしれません。もちろん、カフェー、地場ジビエレストラン、ワインバーなど、ゴルフ場の自然景観や地場文化を楽しめる場所にもなるでしょう（夏場のスキー場では、このような場所が提供されている所があります)。これから 10 年、20 年先、私たちの考え方次第で、地域のゴルフ場は世界の誰もが羨む自然資源利用の見本と評価されるはずです。

そして、いずれの日にか列島の全ゴルフ場が、世界の文化遺産・自然遺産に申請されることになるでしょう。

参考文献・資料

図書

1）アスキンズ･A･ロバート 2016．落葉樹林の進化史．築地書館，東京．

2）有岡利幸 2004．里山Ⅰ（ものと人間の文化史 118-1）．法政大学出版局，東京．

3）Beard, J.B. 1973. Turfgrass: Science and Culture. Prentice Hall, NJ.

4）Dragon, J. 2013．もっと知りたい IPM—害虫防除・PCO の起源から総合的有害生物管理によるグリーンビジネスへの発展まで：What "Integrated Pest Management" Means．岩本龍彦監訳，シーエムシー出版，東京．

5）Forman, R.T.T. 2014. Urban Ecology. Cambridge University Press, UK.

6）伊藤幹二・伊藤操子 2020．グラスパーキングの科学—まちの健康回復に芝生の力を活かす．大阪公立大学共同出版会，大阪．

7）伊藤操子 2020．多年生雑草対策ハンドブック—叩くべき本体は地下にある—．農山漁村文化協会，東京．

8）入間田宣夫・谷口一夫編 2008．牧の考古学．高志書院，東京．

9）岩城英夫 1971．草原の生態．共立出版，東京．

10）嘉田良平 1998．世界各国の環境保全型農業．農山漁村文化協会，東京．

11）北村真一 2016．病原生物の生活史と宿主：ウイルスと細菌．日本生態学会編，感染症の生態学，8-27．

12）久馬一剛 2005．土とは何だろうか？　京都大学学術出版会，京都．

13）コンラッド・タットマン 2004．日本人はどのように森をつくってきたのか．熊崎実訳，築地書館，東京．

14）McCarty, L.B. 2011. Best Golf Course Management Practices.

Prentice Hall, Boston.
15) 水本邦彦 2003. 草山の語る近世. 山川出版社, 東京.
16) 楢原恭爾 1965. 日本の草地社会. 養賢堂, 東京.
17) 日本芝草学会編 1988. 新訂 芝生と緑化. ソフトサイエンス社, 東京.
18) 日本芝草研究会編 1977. 総説芝生と芝草. 江原薫・北村文雄監修, ソフトサイエンス社, 東京.
19) 日本緑化センター 2013. 自然再生ガイドライン. 日本緑化センター, 東京.
20) 押田勇雄編 1982. 都市の水循環. 日本放送出版協会, 東京.
21) 恩田裕一編 2008. 人工林荒廃と水・土砂流出の実態. 岩波書店, 東京.
22) 澤田均 2007. 遺伝子組換え作物と生物多様性. 種生物学会編, 農業と雑草の生態学, 247-272.
23) 須賀丈・岡本透・丑丸敦史 2012. 草地と日本人—日本列島草原1万年の旅. 築地書館, 東京.
24) 瀬戸口明久 2009. 害虫の誕生. 筑摩書房, 東京.
25) 齊藤修 2012. 余剰ゴルフ場. 一季出版, 東京.
26) 只木良也・吉良竜夫編 1982. ヒトと森林. 共立出版, 東京.
27) 田中淳夫 2021. 虚構の森. 新泉社, 東京.
28) 田中淳夫 2011. 日本人が知っておきたい森林の新常識. 洋泉社, 東京.
29) 田中淳夫 2009. ゴルフ場は自然がいっぱい. 筑摩書房, 東京.
30) 塚本正司 2007. 私たちは本当に自然が好きか. 鹿島出版会, 東京.
31) 塚本良則 1998. 森林・水・土の保全. 朝倉書店, 東京.
32) Turgeon, A.J. 1991. Turf-grass Management. Prentice-Hall, NJ.
33) Younger, V.B., McKell C.M. 1972. The Biology and Utilization of Grasses. Academic Press, NY.
34) Ziska, L.H., Dukes, J.S. 2011. Weed Biology and Climate Change.

Wiley-Blackwell, NJ.

雑誌・報告書

1）縣和一 2008. 大気の浄化と温暖化に寄与するゴルフ場. 芝草研究, 37（1）: 18-26.
2）伊藤幹二 2022. 雑草リスク情報—その5：止まらない雑草蔓延と対策不作為の実態. 草と緑, 14：40-48.
3）伊藤幹二 2021. 雑草リスク情報—その4：知る人ぞ知る雑草花粉の脅威. 草と緑, 13：38-48.
4）伊藤幹二 2019. 雑草リスク情報—その3：豪雨災害と雑草管理. 草と緑, 12：37-48.
5）伊藤幹二 2018. 雑草リスク情報—その2：その障害や病気, 実は雑草が原因です. 草と緑, 10：54-65.
6）伊藤幹二・伊藤操子 2015. ゴルフ場における除草剤利用の変遷　雑草の素顔と付き合い方. グリーンニュース, 94：23-29.
7）伊藤幹二 2015. 持続可能な緑地生態系管理:雑草生物学的視点から. 草と緑, 7：2-11.
8）伊藤幹二 2015. 持続可能なゴルフ場緑地と環境：地域環境の劣化とゴルフ場の役割. NPO 法人緑地雑草科学研究所第7回シンポジウム要旨, 1-15.
9）伊藤幹二 2014. ゴルフ場緑地の地域環境的価値とその長期管理. NPO 法人緑地雑草科学研究所第6回シンポジウム講演要旨, 1-20.
10）伊藤幹二 2014. ‘草’と‘緑’にかかわる不都合な真実：喪失する公益的環境機能. 草と緑, 6：2-11.
11）伊藤幹二 2013. ゴルフ場のもつ多面的緑地機能. NPO 法人緑地雑草科学研究所第5回シンポジウム講演要旨, 2-20.

12）伊藤幹二 2013.‘草’は表土を創り育む：日本人が忘れているたいせつなこと．草と緑，5：16-27.

13）伊藤幹二 2012. 雑草のリスクと管理のリスク：何のための管理か？ NPO 法人緑地雑草科学研究所公開セミナー要旨（公園緑地と雑草），43-53.

14）伊藤幹二 2011. 都市の気候変動と深刻化する雑草問題．草と緑，3：9-20.

15）伊藤幹二・伊藤操子 2017. 日本における草の利用史：先史時代から現代まで．グリーンニュース，100：19-30.

16）伊藤操子 2018. 雑草科学に基づいたこれからのクズ対策．草と緑（特集号：葛とクズ），10：59-73.

17）伊藤操子・山口祐子・梅本信也 2002. 日本のゴルフ場におけるツルスズメノカタビラの侵入実態．雑草研究，47：82-88.

18）金森弘樹 2003. イノシシの被害と管理．森林科学，39：13-20.

19）加藤正嗣 2011. 役に立つ「都市の生物多様性指標（CBI）」を目指して．日本緑化工学会誌，36（3）：369-372.

20）亀山章 2011. ゴルフ場と生物多様性保全．ランドスケープ研究，75（1）：8-9.

21）北村文雄 1988. 日本における芝草の植栽分布に関する研究―第1報 ゴルフ場における植栽芝草の種類とその分布．芝草研究，17（1）：5-17.

22）栗田英治・横張真 2000. 里山ランドスケープの保全に果たすゴルフ場の役割とその管理手法．ランドスケープ研究，64（5）：589-594.

23）黒川俊二 2022. 有害植物の定義に追加された‘草’：植物防疫法の改正で何が変わるのか．草と緑，14：1-11.

24）黒川俊二 2017. 外来植物の伝播と生活圏緑地への拡散：その起源と

経路を探る．草と緑，9：13-21.

25）黒川俊二 2012．緑地管理における外来種と在来種―そのリスク管理について―．草と緑，4：8-18.

26）河野仁 2020．メガソーラーの山林・山間への設置はなぜ起きているか―政策の問題と解決の方向―．環境技術，49（3）：120-123.

27）小林央往・伊藤松雄・植木邦和 1983．スズメノカタビラの変異について―ゴルフ場における各種プレー区集団の諸特性．雑草研究(別)，27：149-150.

28）三宅勇 1962．林業苗畑ならびに林地の除草．雑草研究，1962（1）：56-58.

29）長沼和夫 2017．芝生の世界―基礎から応用まで―．草と緑，9：22-26.

30）長沼和夫 2014．コウシュンシバ(*Zoysia matrella* Merr.)草と緑，6：19-22.

31）日本生態系協会 2022．生き物がすみ、移動するゴルフ場．エコシステム，第183号.

32）農文協論説委員会 2020．洪水と水害をとらえなおす―自然観の転換と川との共生．現代農業，2020（9）：310-315.

33）大田伊久雄 2011．過去からの警告―1947年GHQフォレスターによる国有林野の未来予想―．日本森林学会誌，93：88-98.

34）小椋純一 2006．日本の草地面積の変遷．京都精華大学紀要，30：159-172.

35）越智和彦 2017．日本の林地におけるクズ問題の歴史と現状．草と緑(特集号：葛とクズ)，10：33-38.

36）田中淳夫 2015．自然を問い直す　獣害が多発する意外な理由．グリーンニュース，94：15-22.

37）辻正彦・中野武・奥野年秀 1991．ゴルフ場農薬の流出モニタリング．環境化学，1（1）：71-75.
38）外崎公知・今井一隆・手代木純・木田仁廣・石塚成宏 2022．森林および農地から開発地への土地利用変化に伴う土壌炭素蓄積量変化に関する研究．日本緑化工学会誌，48（2）：374-385.
39）梅本信也・山口祐子・伊藤操子 2001．変種ツルスズメノカタビラの分類学的検討．芝草研究，30（1）：20-24.
40）渡邉秀富・牛木雄一郎 2018．スズメノカタビラ防除の諸問題とその解決策を探る．芝草研究，46（2）：159-166.
41）安田美香 2011．日本の都市近郊ゴルフ場における生物相と地域の生物多様性に与える影響．ランドスケープ研究，75（1）：33-35.
42）山田忠男 1985．水田除草剤の環境中における動態．雑草研究，30（1）：1-20.
43）横張真 2004．農村景観の保全をめぐる最近の動向：誰が、何のために、何を保全するのか．日本雑草学会第19回シンポジウム要旨，37-42.
44）米田雅子 2016．森林・農地の有効利用と自然地の公有化．学術の動向，21（9）：54-57.

ゴルフ場情報誌

「月刊ゴルフマネジメント」

1）2016.12：平成27年度（2015年度）ゴルフ場入場者数8775万人、1.4％増／増える非課税利用者と70歳以上人口を徹底分析
2）2016.11：増えるゴルフ振興基金35府県で徴収。資金調達はゴルファー依存でいいのか？
3）2016.8：スポーツ市場15兆円構想にゴルフ業界はどう乗る
4）2016.7：預託金問題が経営の足かせに。事業継続困難から廃棄も　依

然減らないゴルフ場の法的整理

5）2016.5：NGF DASHBORD　天候頼りのゴルフ場市場？ゴルフ場数減少もラウンド数増。需要拡大にビギナーの掘り起し　米国は課題克服に全力で取り組んでいる

6）2016.4：ゴルフ場省力化特集　ゴルフ場の常識を解き放て！　菊地英樹氏

7）2016.1：2014年全国ゴルフ場入場者数確定　8650万人余で0.3%の微減、ゴルフ場数減で1コース平均1.9%増

8）2017.12：ゴルフ場で使用する農薬の水質検査　指針値超えは14年間連続ゼロ　新たに設けられた水産指針値とは

9）2017.11：ゴルフ人口を読み解くパート2　参加率、活動率から見たゴルフ人口構造　山岸勝信氏

10）2017.9：レジャートレンドチェック「レジャー白書2017」を読む　スポーツ参加率アップ目立つもゴルフ人口大幅減！　桜美林大学教授山口有次氏

11）2017.6：鳥獣害対策特集＜全国のゴルフ場からレポート＞定番・奇策妙策　鳥獣害対策の現状と課題

12）2017.5：ゴルフ場資材機材年鑑2017　全国ゴルフ場アンケート　2017予算アンケートからみるゴルフ場現場の景況感

13）2017.5：＜クローズアップ21＞2016 State of the Industry Report 米国のコース管理実態　Golf Course Industry誌　2016年米国ゴルフ場業界レポート

14）2018.11：地域との連携でゴルフツーリズム　スポーツ庁はゴルフ場振興での地域振興に期待

15）2018.10：レジャー白書2018分析　30年前と比較したゴルフの現在位置

16）2018.6：鳥獣対策特集　ゴルフ場からのレポート　被害減少を目指す～鳥獣奮闘記 2018 ～
17）2018.1：ゴルフ場企業 2016 年度決算　ゴルフ場経営の二極化が現実に
18）2019.11：台風 15 号の影響による千葉県ゴルフ場の被害状況をレポート
19）2019.7：平成 30 年度スポーツ庁世論調査　ゴルフ人口大幅増加
20）2019.6：R ＆ A が 2019 世界ゴルフ場数を新基準で発表
21）2019.6：鳥獣対策特集　被害実態アンケートとグリーンキーパーの鳥獣対策レポート
22）2021.10：オンラインによる「ゴルフ場部会」について　牛木雄一郎
23）2021.4：省力化特集　加速する省力化運営に乗り遅れないための 5 つのキーワード　菊地英樹
24）2021.3：世界のゴルフ事情　ゴルフでの健康と幸福度

「ゴルフ場セミナー」

25）2015.6：グリーンの資材費、m^2 単位調査
26）2017.6：統計データ　業務委託②
27）2019.5：問題雑草の発生状況の変遷
28）2019.7：グリーンキーパー意識調査（前編）
29）2019.8：グリーンキーパー意識調査（後編）

「ゴルフ特信」

30）2019.7.1：ゴルフ場用地関連のメガソーラー、稼働 100 件突破.
https://www.ikki-web2.com/archives/3970

Web サイト

1）大日本山林会 1883. 造林の目的. 大日本山林会報告，17：278-282.
http://sanrin.sanrinkai.or.jp/pdf/1350260502/0017.pdf?#page=21?

2）亀山章 2013. ゴルフ場は生きものの里山.
https://www.kga.gr.jp/resources/pdf/green/65 green_1.pdf

3）環境省 1994. 第一次環境基本計画.
https://www.env.go.jp/policy/kihon_keikaku/plan/main3.html

4）木村正一 2022. ゴルフ場の土壌炭素蓄積能力に関して.（ゴルフ場防除技術研究会 2022 年度第 1 回研究会）
https://www.bougiken.com/PDF/shiryou22-1_1.pdf

5）国土地理院 2022. 地形分類.
https://www.gsi.go.jp/bousaichiri/lfc_index.html

6）国土地理院 2010. 平成 22 年全国都道府県市区町村別の面積の公表.
https://www.gsi.go.jp/kihonjohochousa/kihonjohochousa60005.html

7）国立環境研究所 2021. 太陽光発電施設による土地改変―8,725 施設の範囲を地図化、設置場所の特徴を明らかに―
https://www.nies.go.jp/whatsnew/20210329/20210329.html

8）中村俊彦・北澤哲弥 2011. 里山里海と都市の生態系. ちばの里山里海サブグローバル評価最終報告書，35-41.
https://www.bdcchiba.jp/date/publication/rcbc4-07ch2-02.pdf

9）日本ゴルフ場経営者協会 2022. 利用税の課税状況からみたゴルフ場数、延利用者数、利用税額等の推移
https://www.golf-ngk.or.jp/news/2022/riyouzei/2022 riyouzei.pdf

10）日本ゴルフ場経営者協会 2017.「雇用状況実態調査」報告～人材不足が浮き彫りに～.
https://www.golf-ngk.or.jp/news/2018/koyoujoukyouzitaicyousa.pdf

11）日本緑化センター 2012. ゴルフ場は豊かな動植物の生息地―ゴルフ場の生きものアンケート調査結果.
https://www.kga.gr.jp/resources/pdf/green/65 green_2.pdf
12）農林水産省 2022. 作物統計面積調査.
https://www.maff.go.jp/j/tokei/kouhyou/sakumotu/menseki/
13）農林水産省. 中型獣の生態と特徴（野生鳥獣被害防止マニュアル 中型獣類（アライグマ、ハクビシン、タヌキ、アナグマ）の対策）.
https://www.maff.go.jp/j/seisan/tyozyu/higai/manyuaru/manual_tyuugata_jyuurui/180330-6.pdf
14）温室効果ガスインベントリオフィス（GIO）2023. 日本国温室効果ガスインベントリ報告書 2023 年.
https://www.nies.go.jp/gio/archive/nir/jqjm1000001 v3c7t-att/NIR-JPN-2023-v3.0_J_gioweb.pdf
15）スポーツ庁 2015. 体育・スポーツ施設現況調査.
https://www.e-stat.go.jp/stat-search/files?tclass=000001088078&cycle= 0
16）椿ゴルフ 2016. メガソーラー（大規模太陽光発電）事業に閉鎖ゴルフ場跡地を利用.
https://www.mmjp.or.jp/tubaki-golf/newsfail/2012/0912-megasolar-golf.html
17）ウェザーニューズ. 最近の気象状況の変化について.
https://www.soumu.go.jp/main_content/000526164.pdf

あとがき

ゴルフ場ビジネスに直接かかわってきたわけではない私たちが、本著を著すことになったのは、50年近く利用者としてコースに立ち、また職業柄、ビジネスや研究・調査でコース管理関係の方々とお付き合いする機会もあって、ゴルフ場が身近なところにあったからだろうと思います。

著者らは樹木・芝生・雑草を対象に応用自然科学の分野で活動してきました。ゴルフ場緑地はまさにこれらの植物で構成されているので、コースに行くと、植物はもちろん鳥や虫なども含めいろいろな生き物に気づきます。とくに日本のゴルフ場はこれらが地域や立地で多様なこともあって、その出会いが、長年コースを回る折のもう一つの楽しみでした。他方、自然の変化も目につき、明るいアカマツ林が消失し低木林も変質した、ウグイスなどの鳥の声が聞かれなくなった、チョウやトンボを見かけなくなった、池がセイタカアワダチソウだらけに、ラフに外来種メリケンカルカヤの群落がなどと、昨今は暗い気持ちになることも増えています。

本文中でも触れたように、現在ゴルフ場が存在している場所の多くは、古来の里山で、戦前までは人々が食料・生活資材として活用し手入れしてきた有用植物で構成される緑地でした。執筆を始めてからは、その地の原風景に想像を巡らすのも楽しみになっています。同時に、この緑地が伝承されるには、そこがゴルフ場であり続ける重要性も強く感じています。実際、そうでなくなった途端、メガソーラーのような巨大無機物に置き換わる危機に直面しているのですから。著者らはそれぞれがゴルフ場の会員です。年間プレーをする回数も減り、結構高い年会費を払い続けているのはもったいないと思ったこともありましたが、今は里山の貴重な緑の保全に、ささやかながら貢献し続けようと前向きに考えています。

刊行が決定してから執筆に２年近くを要しました。筆が進まないとき背中を押してくれたのは、私たちが実感している日本のゴルフ場ならではの自然・風土の素晴らしさをゴルフが好きな人とも、関心のない人ともシェアしたい、そして将来の存続について一緒に考えたいという思いでした（今は、国外の人々にもぜひ知ってほしい気持ちです）。ゴルファーからは、ラウンドをしながら周囲に気を配るなんてとんでもないと言われるかもしれません。しかし、ティーイングエリアから目にする芝生の緑、四季折々に変化する樹木、山並みや時には海洋や高山までを望む遠景に、気持ちが和まない人はいないでしょう。

最後に、本書の刊行委員全員が、著者らの意図するところに共感し、細部にわたって原稿をチェックされその改善に努められたことを申し添えたいと思います。

2023年6月1日
神戸市ポートアイランドにて
伊藤幹二
伊藤操子

索　引

欧文

あ行

か行

さ行

た行

な行

は行

ま行

や行

ら行

著者略歴

伊藤幹二（いとうかんじ）

京都大学大学院農学研究科博士課程中途退学。農学博士。同大学農学部、塩野義製薬、Eli Lilly, Dow Elanco, Dow Chemical において植物資源管理事業の開発に専任。2001 年に独立。緑地機能の持続と向上を活動目標にマイクロフォレストリサーチ株式会社を設立し代表取締役。NPO 法人緑地雑草科学研究所理事。NPO 法人兵庫県樹木医会理事。樹木医。著書に「グラスパーキングの科学」など。

伊藤操子（いとうみさこ）

京都大学大学院農学研究科修士課程（果樹園芸学）修了。農学博士。同大学農学部、附属農場、農学研究科において主に雑草学の研究・教育に従事。2005 年日本農学賞を受賞。同年定年退職し、現在京都大学名誉教授、マイクロフォレストリサーチ株式会社取締役、NPO 法人緑地雑草科学研究所理事。樹木医。著書「雑草学総論」、「多年生雑草対策ハンドブック」など多数。

刊行委員会委員

牛木雄一郎（日本芝草学会ゴルフ場部会部会長）

神田　功（NPO 法人日本芝草研究開発機構）

黒川俊二（京都大学大学院農学研究科／ NPO 法人緑地雑草科学研究所理事）

小林由幸（株式会社ロイヤルグリーンメンテナンス／ゴルフ場防除技術研究会会長）

佐治健介（株式会社白埼コーポレーション／ NPO 法人緑地雑草科学研究所理事）

篠原卓朗（株式会社理研グリーン／NPO 法人緑地雑草科学研究所理事）

宮﨑敏治（株式会社アセント／NPO 法人緑地雑草科学研究所理事）

八木　元（元ダウケミカル日本株式会社／NPO 法人緑地雑草科学研究所監事）

伊藤幹二（著者）

伊藤操子（著者）

大阪公立大学出版会（OMUP）とは
本出版会は、大阪の５公立大学－大阪市立大学、大阪府立大学、大阪女子大学、大阪府立看護大学、大阪府立看護大学医療技術短期大学部－の教授を中心に2001年に設立された大阪公立大学共同出版会を母体としています。2005年に大阪府立の４大学が統合されたことにより、公立大学は大阪府立大学と大阪市立大学のみになり、2022年にその両大学が統合され、大阪公立大学となりました。これを機に、本出版会は大阪公立大学出版会（Osaka Metropolitan University Press「略称：OMUP」）と名称を改め、現在に至っています。なお、本出版会は、2006年から特定非営利活動法人（NPO）として活動しています。

About Osaka Metropolitan University Press (OMUP)
Osaka Metropolitan University Press was originally named Osaka Municipal Universities Press and was founded in 2001 by professors from Osaka City University, Osaka Prefecture University, Osaka Women's University, Osaka Prefectural College of Nursing, and Osaka Prefectural Medical Technology College. Four of these universities later merged in 2005, and a further merger with Osaka City University in 2022 resulted in the newly-established Osaka Metropolitan University. On this occasion, Osaka Municipal Universities Press was renamed to Osaka Metropolitan University Press (OMUP). OMUP has been recognized as a Non-Profit Organization (NPO) since 2006.

ゴルフの好きな人もそうでない人も知ってほしい

列島ゴルフ場の科学

2023年10月30日　初版第１刷発行

著　者　伊藤幹二・伊藤操子
企　画　特定非営利活動法人緑地雑草科学研究所
発行者　八木　孝司
発行所　大阪公立大学出版会（OMUP）
〒599-8531 大阪府堺市中区学園町１－１
大阪公立大学内
TEL　072(251)6553　FAX　072(254)9539
印刷所　株式会社太洋社

ISBN 978-4-909933-58-4